O COORDENADOR
PEDAGÓGICO
E A FORMAÇÃO CONTÍNUA DO DOCENTE NA ESCOLA

Coordenador do Conselho Editorial de Educação

Marcos Cezar de Freitas

Conselho Editorial de Educação

José Cerchi Fusari
Marcos Antonio Lorieri
Marli André
Pedro Goergen
Terezinha Azerêdo Rios
Valdemar Sguissardi
Vitor Henrique Paro

Dados Internacionais de Catalogação na Publicação (CIP)
(Câmara Brasileira do Livro, SP, Brasil)

Domingues, Isaneide
 O Coordenador pedagógico e a formação contínua do docente
na escola / Isaneide Domingues. – 1. ed. – São Paulo : Cortez, 2014.

 Bibliografia.
 ISBN 978-85-249-2293-0

 1. Coordenadores educacionais 2. Educação – Finalidades e
objetivos 3. Pedagogia 4. Professores – Formação I. Título.

14-10174   CDD-370.71

Índices para catálogo sistemático:

1. Coordenação pedagógica : Educação   370.71
2. Coordenadores pedagógicos : Educação   370.71

ISANEIDE DOMINGUES

O COORDENADOR PEDAGÓGICO
E A FORMAÇÃO CONTÍNUA DO DOCENTE NA ESCOLA

1ª edição
6ª reimpressão

O COORDENADOR PEDAGÓGICO E O DESAFIO DA FORMAÇÃO CONTÍNUA
DO DOCENTE NA ESCOLA
Isaneide Domingues

Capa: Cia. de Desenho
Preparação de originais: Ana Paula Luccisano
Revisão: Marcia Nunes
Composição: Linea Editora Ltda.
Coordenação editorial: Danilo A. Q. Morales

Nenhuma parte desta obra pode ser reproduzida ou duplicada sem autorização expressa da autora e do editor.

© 2014 by Isaneide Domingues

Direitos para esta edição
CORTEZ EDITORA
Rua Monte Alegre, 1074 – Perdizes
05014-001 – São Paulo – SP
Tel. (11) 3864-0111   Fax: (11) 3864-4290
E-mail: cortez@cortezeditora.com.br
www.cortezeditora.com.br

Impresso no Brasil — setembro de 2022

Aos meus pais, Maria Digna e Apparecido (em memória),
Aos meus irmãos Isael e Isabel, sobrinhos e sobrinhas,
Aos coordenadores pedagógicos e as coordenadoras pedagógicas,
Aos educadores das escolas públicas brasileiras.

Sumário

Apresentação
Maria Isabel de Almeida 9

Introdução 13

I. A coordenação pedagógica, uma trajetória profissional
   em construção 21
   1. Percursos da coordenação pedagógica 22
   2. A Pedagogia e a formação inicial do coordenador
      pedagógico 27
   3. A formação contínua do coordenador: um emaranhado
      de experiências 37
   4. O período de iniciação profissional do coordenador
      pedagógico: um terreno fértil para a autoformação ou
      para a deformação? 51
      4.1 A insegurança, o medo e o processo de se constituir
          coordenador pedagógico 52
      4.2 A realidade complexa da escola 55
      4.3 Aprendendo normas, valores e condutas
          — a cultura da escola 58

II. A escola, o coordenador pedagógico e a formação................. 63

1. A instituição escolar e a coordenação pedagógica
construindo uma competência formadora 64

2. O projeto político-pedagógico (PPP): orientador
do trabalho de formação docente 73

3. Política pública e formação dos professores na escola
— o caso do município de São Paulo 85

4. Os parceiros no trabalho de formação contínua
do docente 101

4.1 O diretor, componente da equipe pedagógica 102

4.2 O supervisor, um vértice do triângulo da equipe
pedagógica.. 106

III. O coordenador pedagógico e a formação do docente
na escola 113

1. O coordenador pedagógico como gestor da formação 117

1.1 Primeiro desafio: os limites de uma formação
circunscrita à escola 125

1.2 Segundo desafio: a formação como um processo
introdeterminado.. 130

1.3 Terceiro desafio: a articulação entre as necessidades
da formação, a cultura escolar e as determinações
das políticas públicas... 133

2. Aspectos intervenientes da formação contínua na escola
— a percepção dos professores 147

Concluindo.. 159

Referências 165

Apresentação

Nas últimas três décadas, o campo da formação dos professores tem tido sua importância intensificada e vivido inúmeras mudanças, quer seja no plano das políticas educacionais, quer seja nas proposições e práticas formativas. Tal movimento caminha em paralelo à justa conquista social, apontada pelo IBGE, de que temos 96,7% das crianças brasileiras frequentando a escola. Mas também se depara com o fato de que o avanço quantitativo nesse atendimento está ainda longe de atender ao preceito constitucional que, além de estabelecer o direito ao acesso e à permanência na escola, também aponta para a qualidade da educação. A escola que disponibilizamos à maioria das crianças e jovens brasileiros não tem dado conta de assegurar, como previsto na lei maior, um processo educacional que dê conta do pleno desenvolvimento da pessoa, do exercício da cidadania e de sua qualificação para o trabalho. Segundo a Unesco, temos ainda, no Ensino Fundamental brasileiro, uma taxa de repetência de 18,7% e um percentual de 13,8% de evasão já no primeiro ano.

Esse movimento pela busca de novos fundamentos e modos de formação dos professores é também motivado pelas transformações que temos vivido nos últimos tempos e que chegam às salas de aula com rapidez até assustadora. O reconhecimento dos avanços nos campos científicos; as vertiginosas transformações sociais e familiares, que plantam novos comportamentos e necessidades; as mudanças econômicas e tecnológicas, que permitem a contingentes maiores de brasileiros o acesso a bens e informações e se deparam com as possibilidades praticamente infinitas de uso e aplicação das novas tecnologias, dentre tantos outros fatores, acabam por colocar à escola demandas desconhecidas para as quais, muitas vezes, a equipe escolar não está preparada.

Tal situação adensa os desafios e responsabilidades dos envolvidos com o mundo educacional brasileiro — formuladores de políticas educacionais, gestores, professores, os próprios estudantes e seus pais.

As preocupações com a transformação da escola por dentro, em suas práticas formativas, têm ocupado parte significativa das pesquisas educacionais, e é nesse movimento que o livro de Isaneide Domingues, fruto de sua tese de doutoramento desenvolvida na Universidade de São Paulo, e que tive oportunidade de orientar e agora tenho o enorme prazer de apresentar aos leitores, se insere. O livro propicia uma incursão ao território da formação contínua de docentes desenvolvida coletivamente no espaço das escolas sob a responsabilidade do coordenador pedagógico.

Com a vida profissional dedicada à coordenação do trabalho pedagógico em escolas públicas, a autora possui longa e sólida experiência em trabalhos voltados para a organização da vida coletiva das escolas, para o diálogo permanente entre seus integrantes, para a formação daqueles que formam os estudantes. É isso que Isaneide nos mostra ao revelar os modos com que tem encaminhado seu próprio trabalho, que é também partilhado por outras coordenadoras com quem dialogou em sua pesquisa.

Aqui os leitores encontrarão um livro que se bate contra a burocratização da escola, na medida em que busca combater o reducionismo que lhe é imposto no cumprimento de seu papel de promotora do conhecimento, da cultura e da integração social. Encontrarão também uma proposição de formação docente voltada para o preparo pedagógico e didático dos professores, para seu desenvolvimento profissional e para o enfrentamento de sua vida profissional. Os esforços da autora caminham na direção de fortalecer o trabalho de formação contínua dos professores no interior das escolas, ação que cada vez mais precisa ser continuamente colocada em prática de modo criativo, consistente e inovador pelos coordenadores pedagógicos.

Organizado em três capítulos, o livro discute as necessidades formativas do coordenador para que possa desempenhar o papel de organizador da formação contínua de professores no espaço escolar e da atuação pedagógica da instituição; a importância de um projeto político-pedagógico escolar voltado para a formação de alunos e professores enquanto elemento direcionador das ações a serem coletivamente desenvolvidas; e finalmente dá voz a um grupo de coordenadoras que, a partir de suas práticas profissionais, ajudam a explicitar o potencial do trabalho da coordenação pedagógica, as ingerências sofridas, as contradições e ansiedades vividas, mas também as expectativas, as esperanças e o potencial do trabalho a ser diariamente construído.

Toda a tessitura analítica aqui presente é sustentada por argumentos teóricos rigorosamente articulados, evidenciando o compromisso político com a construção de uma escola capaz de universalizar o direito de todos a educar-se em igualdade de condições. Para além do esmero com as análises dos contextos de ação do coordenador pedagógico, Isaneide tem um grande zelo com a escrita do livro. Ela não só busca evidenciar as experiências das coordenadoras, que ganham voz em seus escritos, de modo teoricamente fundamentado, mas também revelar os seus saberes, sentimentos e compromissos.

Este é, sem dúvida, um livro que deverá estar presente em cada escola do nosso país e ser utilizado nos momentos de planejamento, de discussões e de organização do trabalho pedagógico, que é essencialmente coletivo.

Profa. Dra. Maria Isabel de Almeida
Faculdade de Educação da Universidade de São Paulo

Introdução

Assistimos, a partir do final da década de 1990, a uma mudança no paradigma da formação, produto de transformações progressivas que vêm lentamente, mas de forma implacável, se considerarmos a organização dos sistemas, deslocando, cada vez mais, o lugar da formação contínua do docente de outros espaços para a escola.

A atenção de políticos e teóricos, focados na escola, tem validado a ideia de que o espaço escolar pode e deve constituir-se em lugar de aprendizagem também para o professor, caracterizando-o como *locus* de formação. Essa mudança significa mais do que um deslocamento geográfico do espaço de formação, das universidades e oficinas pedagógicas, agora, para o interior da escola, sobretudo implica a compreensão da complexidade das demandas estabelecidas no espaço escolar: as condições do trabalho docente, as expectativas de ensino de qualidade para os alunos da escola pública, os professores envolvidos e o papel multifacetado dos gestores escolares, em especial da coordenação pedagógica, responsável, no espaço escolar, pela formação docente.

Nóvoa (1992, p. 30) assinala, em relação ao território da formação no âmbito escolar, ser ele "[...] habitado por actores individuais e coletivos, constituindo uma construção humana e social, na qual os diferentes intervenientes possuem margens de autonomia na condução dos seus projectos próprios". Em sua análise, o autor destaca dois aspectos estruturantes dos processos de formação na escola. O primeiro diz respeito ao reconhecimento do espaço escolar como um espaço de convivência e negociação na elaboração de um projeto de formação que atenda às demandas de uma comunidade escolar específica. O segundo aspecto, imbricado ao primeiro, refere-se à própria autonomia partilhada entre os diferentes intervenientes na busca por um projeto comum de formação que identifique as singularidades de cada equipamento educativo.

A formação na escola ganha sentido por ser nela onde se desenvolve o currículo de formação do aluno; é onde as dificuldades de ensino e de aprendizagem manifestam-se. Na escola são mobilizados saberes, tradições e conhecimentos científicos e pedagógicos, tudo isso permeado pela prática. Ela ainda favorece a troca de experiência, que representa a partilha de saberes, e promove o caminho para a produção de conhecimentos reflexivos e pertinentes à atuação dos professores. Por fim, a escola inclui-se no contexto de formação do docente em virtude das mudanças no campo do conhecimento que tem valorizado a epistemologia da prática, os processos de autoformação, os investimentos educativos nas situações profissionais e a autonomia dos estabelecimentos de ensino.

Somam-se, a esses aspectos, as pesquisas atuais que enfatizam a importância da reflexão sobre as práticas escolares para o desenvolvimento profissional docente (Marcelo Garcia, 1999; Nóvoa, 1992; Pimenta, 2002b) e, ainda, o conceito de professor como produtor de saber (Sacristán e Pérez Gómez, 2001b; Contreras, 2002; Giroux, 1997; Pimenta, 2005), capaz de reflexivamente pensar sua ação, articulando os saberes pedagógicos, o conhecimento curricular e os saberes da experiência construídos e reconstruídos no processo formativo.

Nesse contexto epistemológico, que acentua o debate sobre o papel da escola como *locus* de desenvolvimento profissional do docente, pela oportunidade de os professores refletirem coletivamente sobre seus saberes e saberes-fazeres, ganha sentido o papel do coordenador pedagógico como articulador dos espaços coletivos de formação contínua do docente na escola. A figura do coordenador pedagógico destaca-se por ser tradicionalmente atribuído a ele, entre outras tarefas, o papel de formador do docente na escola.

No Brasil, a figura do coordenador pedagógico é relativamente conhecida. Embora haja um consenso geral sobre suas atribuições, o estatuto da coordenação pedagógica ainda é disperso, falta uma unidade que sintetize os aspectos conceituais, estruturais e políticos da ação desse profissional nas escolas espalhadas pelo território brasileiro e que institua uma profissionalidade de coordenador pedagógico.

Mesmo considerando a diversidade de designação dos profissionais que exercem a função de coordenar o trabalho pedagógico na escola, o fato comum, no cenário acadêmico e político nacional, é que cada vez mais esses profissionais assumem, independente das condições de tempo, espaço e materiais, a responsabilidade pela formação de professores na escola. Em virtude dessa demanda, este livro[1] centra suas bases na reflexão sobre o papel do coordenador pedagógico como organizador dos espaços coletivos de formação contínua na escola.

Vale destacar que a coordenação pedagógica, cujo papel está pautado pelo acompanhamento sistemático da prática pedagógica dos professores, possui uma série de atribuições, normalmente descritas no regimento[2] das escolas, entre as quais: responder pelas atividades pedagógicas da escola; acompanhar na sala de aula a atividade do professor; supervisionar a elaboração de projetos; discutir o projeto político-pedagógico; prestar assistência ao professor; coordenar reuniões pedagógicas; organizar as turmas de alunos e acompanhar os processos de avaliação; organizar a avaliação da escola; cuidar da avaliação do corpo docente e do plano pedagógico; atender a pais e alunos em suas dificuldades; e propor e coordenar ações de formação

---

1. Este livro foi organizado a partir da pesquisa realizada pela autora para o curso de doutorado na Faculdade de Educação da Universidade de São Paulo, sob orientação da profa. dra. Maria Isabel de Almeida.

2. O regimento é o documento que direciona as ações da escola em todos os aspectos: a organização da escola, a relação com a comunidade e com os órgãos superiores; também organiza as atividades profissionais a partir da determinação do que é responsabilidade de cada segmento, conforme determinado pela legislação em vigor. O regimento pode ser alterado pelos profissionais da escola, a qualquer tempo, desde que haja alguma mudança estrutural de ordem legal, organizacional ou pedagógica.

contínua do docente na escola, considerando a relação intrínseca entre o fazer pedagógico e a reflexão sobre a prática educativa.

Nessa perspectiva, propor a melhoria da qualidade do ensino, tendo como princípio a formação contínua na escola, significa pensar a complexa tarefa desenvolvida pelo coordenador pedagógico e as condições necessárias para que esse profissional atue de modo a favorecer a articulação do projeto político-pedagógico da escola, dos momentos coletivos de reflexão, da troca de experiência[3] e das demandas relacionadas ao acompanhamento da ação pedagógica.

As tendências que influenciam a educação igualmente encerram uma concepção da ação da coordenação pedagógica, que pode assumir tanto características de supervisão pedagógica, como de gestão das decisões tomadas coletivamente; ambas as formas compõem a cultura escolar e configuram uma rede de ações que as identifica. Vista dessa forma, é inconsistente examinar a ação do coordenador desvinculada dessas influências que podem, em menor ou maior grau, constituí-la.

São muitos os desafios do coordenador pedagógico na gestão do projeto de formação, principalmente por estar submetido a uma hierarquia administrativa e pedagógica que controla e disciplina sua ação. Por outro lado, para que a coordenação pedagógica exerça o acompanhamento dos processos de formação desenvolvido na escola, seu fazer deve estar vinculado ao projeto político-pedagógico e precisa ser alvo de reflexão dos componentes da equipe escolar (pais, alunos, professores, direção) para que, asseguradas as condições mínimas de tempo (para formação contínua; reunião de pais; atendimento de alunos; preparo de material para a intervenção etc.) e lugar

---

3. Fusari (2007, p. 153), ao referir-se às representações das professoras aposentadas sobre formação contínua, afirma que "a troca de experiência entre professores é um procedimento antigo que garante a superação de dificuldades surgidas no trabalho em sala de aula, ao mesmo tempo que funciona como formação profissional em serviço". Durante a pesquisa, foi possível compreender que a expressão "troca de experiência" se referia tanto a uma troca de opiniões quanto à elaboração coletiva e crítica de uma atividade a ser desenvolvida com os alunos, uma sequência didática.

O COORDENADOR PEDAGÓGICO

(para os encontros com os professores; para a leitura e a reflexão do coordenador pedagógico etc.), o trabalho do coordenador pedagógico evidencie o projeto de gestão e de formação constituído por todos os envolvidos (alunos, professores, pais, funcionários etc.).

Desse modo, as ações da escola sistematizadas no projeto político-pedagógico compõem as premissas que orientam o trabalho pedagógico e apontam as necessidades e as possibilidades do trabalho de formação desenvolvido pelo coordenador pedagógico em diversas direções conceituais. Portanto, a organização do espaço formativo pelo coordenador pedagógico, referendado ou não pelo coletivo escolar, sinaliza a não neutralidade das concepções ventiladas, o que implica decisões sobre como tratar o professor e sobre a sua formação em serviço.

As mudanças educativas, políticas e sociais, o desenvolvimento tecnológico e as reformas educativas impõem ao trabalho pedagógico uma dinâmica particularizada a cada tempo, espaço, currículo e comunidade atendida, exigindo adequações da escola e de seus profissionais. O coordenador pedagógico precisa estar sensível a essa dinâmica que, em certa medida, orienta a formação necessária ou aponta as necessidades docentes.

A ideia de uma escola reinventada ou cuja gestão tem caráter profundamente democrático (Alarcão, 2001; Libâneo, 2003) exige dos envolvidos pensar novas formas de organização, de funcionamento, de desenvolvimento da profissionalidade de todos, e que concentrem sistematização e vontade de promover o autodesenvolvimento profissional.

A atuação da coordenação pedagógica, assim, passa a ser entendida não mais como uma atividade meramente técnica e burocrática, mas como uma prática intelectual que se modifica em decorrência do tempo histórico, das mudanças sociais e políticas e das experiências vivenciadas pelos educadores no contexto educativo.

Este livro propõe a análise de alguns aspectos ligados aos desafios do coordenador pedagógico na condução da formação contínua do docente na escola, a saber: a complexa teia de relações que envolve a pessoa do coordenador, suas opções, sua formação, a instituição escolar e os projetos pessoais e profissionais; a formação do coordenador pedagógico como um dos elementos que favorece uma ação de formação eficaz; a formação na escola como categoria que não exclui outros modos de formação docente e a influência das políticas públicas e das histórias de adesões e resistências dos profissionais na configuração da formação contínua na escola e do papel do coordenador pedagógico.

Os capítulos encontram-se organizados do seguinte modo: o primeiro capítulo recupera, brevemente, as marcas, na história da educação, de um trabalho de acompanhamento pedagógico, hoje atribuído à coordenação pedagógica. Ainda analisa, considerando as percepções dos coordenadores entrevistados, as contribuições da formação inicial e da contínua para a prática da coordenação pedagógica, realçando a importância da formação permanente do coordenador pedagógico, cujo trabalho também é influenciado por um emaranhado complexo de experiências. Problematiza a forma com que a ideia do coordenador pedagógico, responsável pela formação institucionalizada do docente, é compreendida por esses profissionais.

O segundo capítulo analisa os referenciais teóricos que colocam a escola como lugar privilegiado para a formação docente, defende o projeto político-pedagógico como elemento fundamental no processo de construção da autonomia formativa da organização-escola. Destaca a importância de uma gestão participativa do coordenador pedagógico, de modo que as decisões coletivas configurem-se em projetos formativos assumidos pelos participantes. Finalmente, analisa o papel do diretor e do supervisor de ensino no desenvolvimento desse processo de formação considerando a crença na relativa autonomia da escola.

O terceiro capítulo apresenta uma análise do referencial teórico que aponta o coordenador como gestor da formação em serviço na relação com os depoimentos das coordenadoras participantes da pesquisa. Analisa alguns desafios associados ao trabalho de formação contínua desenvolvida pelo coordenador pedagógico: de natureza pessoal, da formação profissional, do envolvimento dos professores e das interferências das políticas públicas de formação docente. Destaca a importância de o coordenador pedagógico se posicionar de forma crítica, refletindo sobre as demandas externas e ajudando a comunidade interna a construir e desenvolver um projeto formativo real voltado para as necessidades da comunidade local em prol da aprendizagem de crianças e jovens. Por fim, o tópico Concluindo busca sintetizar, diante do apurado, as possibilidades de trabalho do coordenador pedagógico na formação docente centrada na escola, numa perspectiva emancipadora dos docentes e dos discentes crianças, jovens e adultos atendidos nas escolas públicas.

.

I

A coordenação pedagógica, uma trajetória profissional em construção

> Se o conhecimento é relativo à história e à sociedade, ele não é neutro, todo conhecimento está úmido de situações histórico-sociais; não há conhecimento absolutamente puro, sem nódoa. Todo conhecimento está impregnado de história e sociedade, portanto, de mudança cultural.
>
> *Mario Sergio Cortella*

Se, como relata Cortella na epígrafe, o conhecimento está impregnado de história, o cargo ou a função de coordenador pedagógico, por se constituir num tempo dinâmico, foi acrescido(a) de contornos específicos, só explicados pela imersão no processo histórico. Assim, a coordenação pedagógica vivenciada no século XXI é uma recriação daquela primeira, com outras demandas, geradas no tempo presente. A fluidez deste tempo traz novas exigências, novos modos de ser, novas demandas e outra perspectiva de acompanhamento do trabalho pedagógico na escola, está emprenhada de conhecimento e história, que vai "recaracterizando" o coordenador pedagógico e propiciando que ele se estabeleça como um profissional a serviço da organização do trabalho pedagógico e da formação contínua do docente na escola.

1. Percursos da coordenação pedagógica

A história e a legislação brasileira deixaram registrados que parte da tarefa exercida hoje pelos coordenadores pedagógicos esteve, de alguma forma, prenunciada no sistema escolar e associada a outras funções e outros cargos dentro do organograma educacional da época.

Salvador (2000) vai mais além e localiza os antecedentes da coordenação pedagógica no século XII, na história da inspeção escolar, no período confessional, em que a influência religiosa era intensa, mais precisamente nas escolas paroquiais, na pessoa dos bispos que as supervisionavam e, posteriormente, com o aumento do número das escolas confessionais, a inspeção foi delegada ao mestre-escola ou escolástico, que tinha por tarefa acompanhar as atividades nas instituições e autoridade para, até mesmo, conceder o direito de ensinar.

Com o declínio da influência da igreja, o desenvolvimento da indústria e do comércio e a lenta ascensão da burguesia, a municipalidade passa a assumir cada vez mais responsabilidades em relação à fiscalização das escolas. Por volta do século XVIII, surge a figura do inspetor escolar público. Segundo a autora, à medida que o Estado assume as responsabilidades com a escola, a inspeção escolar apropria-se de um aspecto fiscalizador, o que virá a caracterizar a supervisão nos períodos subsequentes.

O Brasil, por ocasião de sua colonização, não acompanhou o desenvolvimento europeu, e durante 210 anos o ensino foi atrelado à Companhia de Jesus; os aspectos administrativos e pedagógicos foram organizados conforme os preceitos das escolas jesuítas. Com a expulsão dos jesuítas em 1759, desmantelou-se a estrutura administrativa de ensino existente na época, o Estado assumiu, pela primeira vez, a educação pública, mas entre a expulsão e as primeiras providências houve uma demora de 13 anos na organização do sistema escolar. Posteriormente, num período pós-colonial, com as transformações na estratificação social, mais especificamente com o surgimento de uma camada intermediária de pequenos comerciantes, artesões e mineradores, as escolas vão sendo criadas considerando a densidade demográfica, ou seja, nos centros urbanos onde se estabelecem esses grupos, porém, ainda, de modo precário quanto ao corpo docente e à inspeção.

Na segunda metade do século XIX, conforme aponta Salvador (2000), São Paulo destacou-se das outras províncias pela organização e regulamentação da instrução pública, que culminou com a criação do cargo de Inspetor de Distrito em 1868. Com a República e a modificação do Conselho Superior, foi criado o cargo de inspetor escolar. Posteriormente, em 1897, extingue-se o Conselho Superior e cria-se a Inspetoria-geral na capital, que manteve na sua estrutura os inspetores escolares.

Já no século XX, o Estatuto dos Funcionários Públicos (1941) prevê o provimento de cargos para diretor, para inspetor escolar e para delegado escolar por meio de provas e títulos. Os cargos de diretor eram preenchidos entre os professores com três anos de experiência; os de inspetor por concurso de títulos entre os diretores; os de inspetor por concurso de títulos entre os inspetores.

Fusari (1997) relata que os inspetores escolares do início do século XX, quando havia oportunidade, necessidade e competência, realizavam um trabalho de formação dos educadores em serviço. Nessa perspectiva, "os inspetores" podem ser tomados como os precursores dos coordenadores pedagógicos atuais. Fusari (1997, p. 52) provoca-nos essa reflexão, quando afirma:

> [...] dentro da conjuntura da época, [os inspetores] exerciam e promoviam o aperfeiçoamento dos educadores em serviço por meio de conselhos aos jovens professores e também aos mais experientes, de aulas de demonstração, de orientação metodológica e sugestão de material colhido em outras escolas por eles inspecionadas.

No final dos anos 1950 e durante os anos de 1960, segundo Souza (2005), a formação do professor em serviço estava pautada no suprimento das falhas da formação inicial. Eram oferecidos cursos, palestras e reuniões visando ao aperfeiçoamento docente. Nesse período, também, a ênfase da formação docente estava no treinamento nos domínios de técnicas, na reprodução e na repetição.

Com as transformações políticas e econômicas da década de 1950[1] e o Plano de Assistência Brasileiro-Americana no Ensino Elementar (PABAEE), surge a supervisão escolar, fato que coincide com a criação das habilitações em Pedagogia (1969), entre elas a de Supervisão Escolar. Com a posterior integração das concepções e funções da inspeção e da supervisão, feita pela Lei de Diretrizes e Bases da Educação Nacional n. 5.692/71, o supervisor passa a assumir uma função fiscalizadora do sistema, bem como a de orientação pedagógica.

Estudos sobre o tema (Fusari, 1997; Garcia, 1997; Salvador, 2000) identificam, mesmo que de forma implícita, certa coincidência no exercício da função e na promoção do desenvolvimento profissional da equipe escolar, entre as ações do supervisor escolar e do coordenador pedagógico. O primeiro trabalhava na articulação entre as dimensões administrativas e pedagógicas e, o segundo, passou a trabalhar na coordenação da relação pedagógica no âmbito escolar entre as dimensões da organização para aprendizagem dos alunos e, *grosso modo*, no acompanhamento da ação pedagógica dos docentes.

De algum modo, o sistema sempre criou uma forma de acomodar, entre as muitas tarefas desenvolvidas pelos profissionais da Educação (inspetores, supervisores, diretores, professores), atividades relativas à coordenação pedagógica que, por algum tempo, foi exercida genericamente por diversos educadores.

Essa situação é ainda muito difusa em vários estados e municípios brasileiros, nos quais o supervisor é tomado por coordenador e

---

1. No final da década de 1950, assume o governo do país o presidente Juscelino Kubitschek de Oliveira, que propõe um modelo nacional desenvolvimentista, investindo no crescimento industrial. O lema era: crescer cinquenta anos em apenas cinco.

vice-versa, tal o grau de imbricamento encontrado entre as duas funções no que diz respeito à formação contínua na escola.

No estado de São Paulo, a ideia de uma coordenação pedagógica vai surgir na década de 1960 associada às escolas experimentais, às escolas de aplicação, aos ginásios pluricurriculares e a outros que, em decorrência da Lei n. 4.024, de dezembro de 1961, adquiriram autonomia para organização do currículo, dos métodos, de tempos e de espaços. À medida que essas escolas foram transformando-se, novas formas de coordenação pedagógica surgiram, até a função ser disseminada para todas as escolas da rede estadual em 1996, com a promulgação da Resolução SE n. 28/1996. No município de São Paulo, a função da coordenação pedagógica aparecia disseminada nas atribuições dos assistentes pedagógicos e dos orientadores educacionais até a criação do cargo de coordenador pedagógico no ano de 1985, quando, então, houve a fusão dos cargos de assistente pedagógico e orientador educacional.

O papel do coordenador pedagógico, no contexto desse movimento histórico, vem sendo ressignificado e sua função cada vez mais associada à formação contínua do docente na escola. Na década de 1980, as principais questões educativas diziam respeito à melhoria da qualidade do ensino com a diminuição da repetência e da evasão escolar. Aquela década, calcada por um movimento pós-ditadura, foi ampla em debates e produções científicas que, somadas às alterações legais como a Constituição Federal de 1988, trouxe novos ares e novas perspectivas para a educação nacional, impulsionando o movimento de reforma educativa nos estados.

Desde então, ampliaram-se as demandas de trabalho para o coordenador pedagógico, bem como as pesquisas sobre a atuação desse profissional, cada vez mais associada à formação do docente na escola, situação que vem se consolidando do ponto de vista institucional e administrativo, dando outro sentido ao papel da formação de professores e aos conhecimentos para a formação em serviço, com destaque para a reflexão sobre a epistemologia da prática docente, que aproxima a produção teórica da didática da prática cotidiana das escolas.

É importante ressaltar que a figura desse profissional está difundida pelo Brasil. Muitas vezes, em virtude das vicissitudes das condições de trabalho em cada estado e município, essa atividade fica ancorada em profissionais sem habilitação específica e sem recursos adequados. Essas condições criam uma noção difusa de coordenação pedagógica e uma diversidade de critérios para o exercício da função.

O discurso da escola como *locus* de formação do professor reflexivo tem ratificado a ideia do professor como sujeito do seu fazer, pesquisador da sua prática, não mero executor de políticas públicas, mas como profissional capaz de elaborar, definir e reinterpretar o seu fazer, relacionando-o com os contextos sociais e econômicos e com os conhecimentos produzidos, portanto, capaz de pensar sua própria formação. Porém, esse mesmo discurso, quando incorporado pelos órgãos públicos, pode isentá-los de qualquer investimento na formação contínua de seus professores, especialmente quando a formação contínua, proposta pelas equipes das Secretarias de Educação, não resolve os problemas do cotidiano, o que acaba por gerar conflitos e resistências de ambos os lados.

Num espaço tão plural quanto a instituição escolar, a cultura é composta de forma multifacetada, fruto das inter-relações e correlações de poder que o espaço possibilita e que constitui a rede de significados compartilhados. Segundo Pérez Gomes (2001), o campo da cultura é, também, o de produção de sentidos e, por isso, na escola, é importante considerar não uma cultura, mas um entrecruzamento de culturas que, no decorrer do tempo, reelaboram a identidade de seus sujeitos.

O trabalho do coordenador pedagógico, no século XXI, como gestor dos processos de formação, tem especial importância pela possibilidade de condução de uma reflexão que produza a consciência das identidades possíveis frente às descontinuidades da contemporaneidade, das determinações das políticas públicas e das necessidades educativas da comunidade.

2. A Pedagogia e a formação inicial do coordenador pedagógico

No contexto da divisão do trabalho na escola, da pluralidade de entendimentos sobre a ação do coordenador pedagógico e do discurso cada vez mais intenso sobre a formação contínua na escola, como atribuição da função desse profissional, estabelece-se o desafio da formação do próprio coordenador pedagógico. O pedagogo escolar, nesse caso, precisa ter sua formação alicerçada na compreensão de que a prática pedagógica deve ser compromissada com a transformação da realidade social.

Nessa perspectiva, torna-se desejável que a formação inicial do coordenador pedagógico seja em um curso de Pedagogia,[2] visto que os conhecimentos advindos dessa formação dariam suporte teórico e prático para a ação desse profissional, pois subsidiado pelos estudos da teoria da educação, da didática, das metodologias específicas e das disciplinas relacionadas às ciências da educação, atrelados as experiências pessoais e profissionais vividas, comporiam uma rede de saberes e fazeres que daria suporte à prática de formador voltada para uma ação pedagógica crítica.

No estudo empírico[3] realizado com coordenadores pedagógicos de escolas públicas do município de São Paulo, o primeiro conjunto de asserções das coordenadoras pedagógicas revela uma inadequação da formação inicial que, segundo os depoimentos, não as preparou para o trabalho na coordenação pedagógica. Ao contrário do que tra-

---

2. A LDB, Lei n. 9.394/96, trouxe novas demandas para a formação dos professores que atuariam na educação básica. A lei passou a ser regulamentada no início de 2001 com o parecer CNE/CP 09/2001, pela Resolução CNE/CP n. 01/2002 e pelo Parecer CNE/CP n. 28/2004. Esse processo culmina com o Parecer 05/2005 reafirmado pela Resolução CNE/CP n. 01/2006, que dispõe sobre as Diretrizes Curriculares Nacionais para o Curso de Pedagogia.

3. Neste estudo, foram entrevistadas quatro coordenadoras identificadas pelos pseudônimos: Maria Vitória, Maria Leda, Maria Stella e Maria Augusta. Também foram acompanhados, em um processo de observação do trabalho de formação desenvolvido por coordenadores pedagógicos, dois grupos de formação situados em escolas diferentes e ainda foram realizados dois encontros com os professores que participavam dos grupos de formação observados, numa estratégia denominada grupos dialogais.

dicionalmente acontece em relação à formação do diretor, cujo fazer tem uma tradição mais consolidada, a formação inicial do coordenador pedagógico ainda está pautada por indefinições que generalizam os aspectos pedagógicos da escola atribuídos ao coordenador.

Nessa perspectiva, entende-se que a formação do pedagogo escolar, especialmente, a coordenação pedagógica, deve assumir características críticas de desvelamento da realidade imediata, de busca por novas formas de organização do espaço escolar, de construção coletiva de um projeto político-pedagógico (PPP) que considere as desigualdades sociais, o crescimento desenfreado do capitalismo, o contexto no qual se está inserido profissionalmente e os sujeitos envolvidos, *grosso modo*, alunos e professores. Esses últimos vistos como sujeitos ativos no seu processo de trabalho e de formação.

Deste modo, a formação inicial do coordenador pedagógico, somadas naturalmente a todas as outras experiências formativas vivenciadas por esse profissional, assume um peso que pode determinar como a formação será conduzida, que papel terá o professor e se a ação do coordenador será prescritiva ou produto de discussões e de análises do currículo e da relação da escola com a sociedade.

Não obstante a diversidade das exigências para quem assume a função de coordenador pedagógico, todas as coordenadoras que participaram dessa investigação têm formação em Pedagogia. No entanto, apontam uma ineficácia dessa formação. Segundo elas:

> Fui fazer pedagogia, [...] fiz o concurso para coordenador e assumi o cargo com a visão de professor mesmo [...]. Porque eu penso que tudo o que aprendi na minha função (coordenadora pedagógica) foi na prática, posso até não ter feito nenhuma reflexão mais profunda, mas não consigo me lembrar de alguma coisa que eu tenha aprendido na Pedagogia que esteja usando, não consigo, sinceramente (Coord. Maria vitória).

> Minha formação em Pedagogia não me deu base para o trabalho na coordenação pedagógica, de jeito nenhum. Eu acho que a formação que

eu tive, até por ter escolhido administração escolar, me deu muito mais embasamento legislativo, de administrador de escola, do que exatamente de coordenador pedagógico. [...] depois eu fiz supervisão e o curso não deu base nem para ser supervisor. [...] talvez a própria faculdade não oferecesse um curso de qualidade, pois o conhecimento se restringia à legislação e ao estágio [...], embasamento pedagógico para o exercício da função de coordenador, especificamente, não tive nenhum (Coord. Maria Leda).

No curso de complementação, eu estudei um ou outro autor, mas muito superficial, de prática mesmo não tivemos nada. Então acaba sendo algo de construção empírica, no dia a dia (Coord. Maria Stella).

A Pedagogia na PUC me preparou mais para ser professora do que para ser coordenadora. Como eu dava aula de didática e de prática de ensino no magistério, eu acompanhava muito as alunas no estágio. A gente realizava um estágio muito legal e eu aprendi muito com ele. As crianças adoravam e os alunos do magistério também, porque tinham a oportunidade de vivenciar a docência. E eu, naquela época, estava aprendendo a ser coordenadora pedagógica porque estava orientando o trabalho deles. Quando os professores da escola privada me indicaram para ser coordenadora pedagógica, logo percebi que de um lado eu tinha um diretor que queria que eu fosse "menina de recado" e do outro os professores que queriam uma aliada. E, então, eu fui percebendo que tinha que construir um papel de coordenadora que as pessoas respeitassem (Coord. Maria Augusta).

Os cursos de Pedagogia caracterizavam-se, segundo os relatos, por uma formação generalista visando atender à multiplicidade das funções dos profissionais que recebem o título de pedagogo, que passam a atuar no sistema de ensino, nas salas de aula como professores ou como especialistas; na pesquisa educacional; nos movimentos sociais; nas diversas mídias; nas áreas de saúde e assistência social; nas empresas; nos sindicatos etc.

Libâneo (2002) faz uma reflexão sobre o que deveria caracterizar o curso de pedagogia. Para o autor, existem especificidades nos diversos campos da atividade pedagógica do pedagogo não docente que precisam ser, impreterivelmente, consideradas na formação desse profissional. Ele entende que o curso de pedagogia deveria ser destinado exclusivamente à formação do pedagogo:

> A retomada da formação específica para atividades de organização/gestão e coordenação pedagógica das escolas é uma necessidade improrrogável dos sistemas de ensino. [...] O *coordenador pedagógico* é um profissional imprescindível para assegurar nas escolas a integração e articulação do trabalho pedagógico-didático: a formulação e acompanhamento da execução do projeto pedagógico-curricular, a organização curricular, a orientação metodológica, a assistência pedagógico-didática aos professores na sala de aula numa relação interativa e compartilhada com os professores e alunos, colaboração nas práticas de reflexão e investigação, diagnóstico e atendimento das necessidades ligadas ao ensino e à aprendizagem dos alunos em conjunto com o professor, atividades de formação continuada, práticas de avaliação da aprendizagem. Para tantas, e imprescindíveis tarefas, faz-se necessária uma formação específica, é para isso que se propõe um curso de pedagogia ou estudos pedagógicos (Libâneo, 2002, p. 74; grifo nosso).

O coordenador pedagógico é um dos atores na trama educacional cuja especificidade da atuação profissional requer uma formação inicial inerente à função, que o impulsione ao desenvolvimento de sua profissionalidade para atender à amplitude dessa ação profissional, conforme ilustrada por Libâneo (2002). A proposta não advoga a separação entre o pedagógico e o administrativo, pois a gestão escolar deve estar alicerçada numa concepção de trabalho educativo partilhada entre seus profissionais. Contudo, tal formato pode contribuir para a melhoria da formação inicial do coordenador pedagógico.

Christov (2001) acrescenta a essa análise outra ideia que ajuda a pensar sobre a negação explícita, das coordenadoras pedagógicas ouvidas, sobre o papel da formação inicial para o exercício da função. No dizer da autora:

O COORDENADOR PEDAGÓGICO

> Permito-me registrar a hipótese de que os coordenadores pedagógicos ouvidos [...] e tantos outros educadores com os quais tenho atuado em diferentes projetos de educação continuada — não reconhecem a formação inicial como *locus* de preparo para o exercício da profissão porque, na maioria das vezes, foram espectadores da verdade científica apresentada por seus professores, sem serem provocados a questionar e a criar suas hipóteses para compreender as teorias e as realidades às quais se referiam. Viveram uma relação distanciada com o conhecimento, quando não negadora deste, afastando-se da possibilidade de se perceberem produtores de conhecimento (Christov, 2001, p. 138).

Considerando tal hipótese e a declaração das coordenadoras, infere-se que o formato dos cursos de Pedagogia, pautados pela tradição pedagógica, pode não contribuir para a formação do coordenador pedagógico no que se refere às especificidades de sua atuação, o que inclui a formação do professor em serviço, em termos conceituais e metodológicos, pois desenvolvem um trabalho pautado pela tradição pedagógica, voltado para a transmissão de conhecimento e posicionam os futuros coordenadores pedagógicos como espectadores de seu próprio processo formativo.

Portanto, a formação inicial vivida nos moldes relatados não favorece ao coordenador pedagógico a análise da situação educacional na qual vai atuar e, também, dificulta a organização de práticas eficientes voltadas para a resolução das dificuldades pedagógicas. Essa formação generalista lhes nega a condição de produtores de conhecimento e tende a produzir um afastamento da reflexão teórica, cujo sentido prático escapa aos futuros profissionais, o que lhes dificulta encontrar uma relação entre os conhecimentos tratados na primeira formação e a prática cotidiana. Tal perspectiva pode ainda favorecer a reedição, nos momentos coletivos de formação, das ações autoritárias vivenciadas neste processo de formação.

De modo antagônico, uma Pedagogia Crítica pode contribuir para a formação do pedagogo escolar, em especial os coordenadores pedagógicos, nos aspectos relativos à construção coletiva de um trabalho pedagógico pautado por uma aprendizagem significativa, pela valorização da cultura e do conhecimento dos alunos e dos professores, de modo que sejam capazes de criar intervenções pedagógicas que assegurem ao grupo de trabalho condições de democracia, igualdade e justiça, conforme salienta Libâneo (1996).

Assim, uma Pedagogia pautada pela formação aligeirada e pela ação prescritiva, que não considera os sujeitos envolvidos, pode produzir um "especialista/gestor" despreparado para o enfrentamento das exigências postas pelo mundo contemporâneo às escolas.

O coordenador pedagógico, cuja função tem sua identidade ainda em transformação, sofre pelo impacto do ingresso numa nova profissão e pelas transformações nas demandas de trabalho que precedem de uma formação pedagógica que lhe dê ferramentas para o trabalho que congrega teoria e prática.

Libâneo (2002, p. 84), refletindo sobre a qualidade necessária para a formação do pedagogo, ressalta as dificuldades da formação do professor e do especialista/gestor num único curso. O autor tece a seguinte consideração:

> Ao meu ver, para se atingir níveis mínimos desejáveis de qualidade da formação, ou se forma um bom professor ou um bom "gestor" ou *coordenador pedagógico* [...]. Não é possível formar todos esses profissionais num só curso, nem essa solução é aceitável "epistemologicamente" falando. A se manter um só currículo, com o mesmo número de horas, teremos um arremedo de formação profissional, uma formação aligeirada, dentro de um curso inchado (grifo nosso).

Assim formulado, o currículo generalista desses cursos que abarca a formação para o desenvolvimento de atividades diversas, de professor ao pedagogo, nas suas muitas atuações, não desenvolve aspectos específicos do trabalho da coordenação pedagógica que estão ligados, inclusive, às etapas de desenvolvimento dos alunos na educação infantil, no ensino fundamental e no ensino médio que caracterizam públicos distintos, todos com particularidades que exigem da coordenação pedagógica conhecimentos e habilidades mais específicas.

Na formação desenvolvida pelo coordenador pedagógico, há de se considerar, em cada escola, a formação diversa dos professores, alguns com formação no magistério, outros em Pedagogia ou disciplinas específicas (Português, Matemática, História, Geografia, Ciências, Educação Física, Inglês, Artes e outras). Esses condicionantes revelam singularidades e especificidades que a formação inicial do coordenador pedagógico não toca.

É inegável que um educador com formação bem alicerçada em termos conceituais e práticos tem elementos que o ajudam a refletir sobre seu fazer e o reformular de sua prática. Para o coordenador pedagógico, essa formação está relacionada aos conhecimentos sobre as teorias educativas; sobre os diferentes níveis de intervenção e formas de subsidiar as atividades docentes e discentes; sobre os professores: seus saberes, sua metodologia, seu processo reflexivo; sobre os alunos: sua maneira de aprender, sua interação com os colegas e com os professores; sobre a comunidade: suas expectativas em relação à escola e a seu atendimento; e sobre o diretor e as demandas do trabalho na perspectiva da cooperação, entre outros conhecimentos.

Como se vê, o pedagógico na escola tem muitas frentes, talvez a principal delas seja o trabalho com os professores, com a interface no desenvolvimento educativo dos alunos, mas mesmo essa intervenção precisa ser cuidadosa, pois existe uma tensão que é muito bem apontada pela coordenadora Maria Stella:

> O coordenador tem de se concentrar nas questões pedagógicas, tem que ter predisposição grande para estudar, tem que exercer a liderança sobre o grupo de professores, não de uma forma impositiva, mas como mediação. Quando você fala do trabalho do professor, não dá para falar: você vai trabalhar assim! Tem que ter todo um processo de convencimento, de estudo, de levar à reflexão, de promover o conflito em relação às suas crenças pedagógicas: Como vocês estão fazendo isto?

Mas por que estão fazendo assim? O que nós podemos modificar para melhorar ainda mais? Então, é um processo de convencimento mesmo. Mostrando, estudando e conversando.

Mesmo ponderando-se que o curso de Pedagogia poderia proporcionar a base para o exercício da função de coordenador pedagógico, é preciso considerar que ela, ainda, transita entre a supervisão escolar e a orientação educacional, embora sua ação não se constitua numa coisa nem noutra; por vezes, irrefletidamente, manifesta aspectos peculiares às duas funções. O depoimento da coordenadora Maria Stella aponta para um currículo de formação que considere as diferentes relações estabelecidas nessa atividade, bem como a pesquisa como instrumento de construção do conhecimento, uma vez que tal prática profissional exige "predisposição para estudar" e reflexão sobre a própria atuação formativa.

Não existe aqui uma defesa superlativa da especialização dos educadores que trabalham ligados à equipe diretiva da escola (diretores, coordenadores e supervisores). Não se pretende, também, particularizar e fragmentar ainda mais o trabalho das equipes escolares. Contudo, é necessário pensar de forma sistemática sobre os saberes que ajudam no exercício da função do coordenador, não só em relação à prática localizada, mas também no processo reflexivo desse profissional.

Com a promulgação da Lei de Diretrizes e Bases da Educação Nacional n. 9.394/96, acirrou-se um debate nacional sobre a formação a ser oferecida nos cursos de Pedagogia, principalmente pela separação explícita, em seus artigos, entre formar o docente e o especialista em Educação.

> A formação de profissionais da educação para administração, planejamento, inspeção, supervisão e orientação educacional para a educação básica será feita em cursos de graduação em pedagogia ou em pós-graduação, a critério da instituição de ensino, garantida, nesta formação, a base comum nacional (artigo 64, Lei n. 9.394/96).

Desde a década de 1970 — quando esses profissionais aparecem no cenário nacional —, parece haver um investimento cada vez maior na especificidade dos profissionais de ensino. Porém, a formação inicial do coordenador pedagógico ainda não se estabelece de modo peculiar e transita entre outras habilitações, o que dá margem a inúmeras leituras e definições sobre suas atribuições, normalmente, vinculadas às determinações do poder público.

Quando os cursos de Pedagogia não habilitam o pedagogo escolar para o trabalho de gestão da escola, considerando nesse processo a especificidade de cada função (diretor, coordenador pedagógico e supervisor escolar), corre-se o risco de escamotear as singularidades dessas funções que, *grosso modo*, concorrem para a formação contínua do docente que deve culminar com a aprendizagem dos alunos.

Tratando-se do coordenador pedagógico e suas atribuições, considerando que a Pedagogia é um campo de conhecimento que se configura na ação prática, materializando uma teoria, a formação inicial desse educador, longe de se configurar como um rol finito e estático de ações ou teorias, deve dotá-lo de ferramentas que permitam a esse pedagogo escolar construir uma competência profissional que o ajude a intervir frente às demandas de seu trabalho, em especial, na condução dos processos de formação do docente sistematizadas na escola.

Uma educação preocupada com a constituição de um coordenador crítico-reflexivo estará atenta aos aspectos referentes a um currículo de formação menos técnico e mais reflexivo, pois tal perspectiva pode influir nas configurações dessa profissão nos estados e municípios brasileiros onde ela é desenvolvida. Todavia, sua caracterização pode, ainda, ser fruto de políticas públicas diversas, algumas pouco comprometidas com o pedagógico e fortemente alicerçadas nas ideias impostas pelo mercado, num processo aligeirado de educação (formação inicial e contínua). As concepções que norteiam a educação permitem, por serem muitas, produzir sentidos diversos para a função de coordenador pedagógico, criando, muitas vezes, uma identidade instável.

Se a concepção de coordenador pedagógico manifestada nos cursos de Pedagogia pode ser dispersa, o que se dirá das compreensões pessoais de quem exerce a função, produto de uma formação deficiente, de experiências educativas negativas, da falta de autonomia ou de apoio do sistema, de crença numa educação focada na transmissão de conhecimento e pautada pelas ideias de uma racionalidade técnica.

Pinto (2006), referindo-se à coordenação pedagógica, menciona uma variação de nomenclatura, existente nos vários municípios e estados brasileiros, para designar a função: supervisão pedagógica, supervisão escolar, supervisão educacional, assistência pedagógica, orientação pedagógica. Embora a terminologia seja diferente, segundo o autor, todas designam o trabalho de acompanhamento da ação pedagógica do corpo docente.

É importante observar que a formação inicial exigida daqueles que exercem a "função" de coordenador pedagógico parece carecer, também, de certa coerência. Existe, por parte do empregador, formulador de política pública, uma compreensão diversa sobre a formação necessária ao profissional responsável pela coordenação pedagógica nas escolas públicas. Exemplo clássico é o caso do estado de São Paulo em que o professor coordenador pedagógico (PCP), que assume as atribuições do coordenador pedagógico, não precisa ter necessariamente licenciatura em Pedagogia. Christov (2001) evidencia no discurso dos coordenadores da rede estadual de São Paulo a necessidade de um preparo em relação aos conhecimentos pedagógicos. Segundo a autora, a dificuldade existe porque grande parte dos coordenadores, formados em diversas áreas do conhecimento, não vivenciaram em seus cursos de formação inicial a discussão de questões pedagógicas, essenciais ao exercício da coordenação.

Pinto (2006, p. 4), ao refletir sobre o papel do pedagogo escolar não docente, também corrobora a ideia de uma formação pedagógica consistente para esse profissional:

> Essa contribuição do pedagogo consubstancia-se, fundamentalmente, em torno do trabalho docente-discente — ao oferecer suporte pedagó-

gico para que os professores garantam a aprendizagem dos alunos — numa atuação que é de mediar os processos de ensino-aprendizagem que ocorrem nas escolas. *Para tanto, esse profissional deve ter uma formação qualificada no campo do conhecimento pedagógico* (grifos nossos).

Na declaração anterior, cuja referência é o coordenador pedagógico, o autor salienta a importância de esse educador ter uma formação qualificada no campo do conhecimento pedagógico. Nesse sentido, a formação do especialista "pedagogo" precisa ser alvo de reflexão dos gestores de políticas públicas para o ensino superior e dos profissionais que trabalham com a formação em Pedagogia, pois a atuação dos especialistas pedagogos exige conhecimentos e ações especializadas frente às demandas escolares desse início do século XXI, principalmente com o deslocamento da formação contínua do docente para a escola como atribuição específica do coordenador pedagógico.

3. A formação contínua do coordenador: um emaranhado de experiências

As coordenadoras pedagógicas participantes da pesquisa apresentaram em suas memórias as experiências que as ajudaram a tornarem-se coordenadoras, compondo dessa forma a função. A coordenadora Maria Vitória afirmou que "o que aprendeu sobre a coordenação pedagógica foi na prática"; já a coordenadora Maria Stella apontou "a importância da troca de experiência, do contato com outros profissionais da área". A coordenadora Maria Leda enfatizou "que, no início, como o sistema não oferecia cursos específicos para coordenadores pedagógicos, ela e outras coordenadoras pagaram uma assessoria para ajudá-las". A coordenadora Maria Augusta relatou "sua experiência de formadora de professores no curso de magistério como a base de suas referências para o exercício da coordenação pedagógica".

Esses jeitos pessoais de formarem-se no exercício da própria coordenação seguem a mesma lógica já explorada pelas pesquisas disponíveis sobre o desenvolvimento profissional docente. Os coordenadores utilizam-se, inicialmente, das suas experiências na formação inicial, quando essas formações foram significativas, da vivência como professores, da experiência de outros coordenadores pedagógicos e de cursos de formação contínua, alguns oferecidos pelo sistema e outros produto da busca pessoal de cada profissional como referências para sua atuação profissional inicial.

No âmbito da própria coordenação pedagógica, desenvolve-se, no espaço educacional, os saberes técnicos, as relações interpessoais, o trabalho em grupo, a liderança, a organização da escola, a compreensão da legislação pertinente que desemboca na particularidade de cada sala de aula e em cada escola ou sistema de ensino.

Clementi (2005, p. 56), ao analisar a complexidade da escola e as exigências da sociedade atual em relação a ela, traz a seguinte reflexão sobre os saberes necessários ao trabalho do coordenador pedagógico na formação contínua dos docentes: "A falta de clareza do que significa ser um formador de professores, a falta de conhecimento do que seja a construção e a vivência do projeto pedagógico são fatores que intervêm em sua atuação". E, ainda, ratificando a fala das coordenadoras entrevistadas, acrescenta, referindo-se especificamente à formação dos coordenadores:

> A falta que um trabalho de formação faz para o coordenador também é fator que interfere em sua prática. Cada vez mais fica explicitada a necessidade de os profissionais se aprofundarem e estudarem para desenvolver um trabalho consciente e responsável. Constata-se, no entanto, que a formação continuada deles está dependendo muito mais de uma mobilização pessoal do que de um investimento por parte das escolas. No caso da rede pública, o coordenador assume seu cargo mediante concurso, sendo que na rede estadual ele não precisa necessariamente ser pedagogo. Na rede particular, normalmente, esse cargo é assumido devido à competência desse profissional, avaliada de acordo com os critérios da escola, e não está necessariamente relacionado à existência do diploma específico. Isso revela que a formação inicial do coordenador (talvez por sua precariedade) não influi na escolha do

profissional feita pelas escolas. [...] Com a recente proposta de reformulação do curso de Pedagogia, pode-se pensar numa possibilidade de melhora no que se refere à formação inicial [...]. Certamente, o coordenador tem muito a dizer sobre suas necessidades, desde que lhe seja dado espaço para isso. A questão da legitimidade de seu papel passa também por um processo de profissionalização, entendido como a ruptura de uma postura formal e formalizada, para uma postura de investigação e descoberta. As estruturas administrativas (estaduais, municipais e particulares) poderiam contribuir para a rediscussão dessa questão (Clementi, 2005, p. 63).

Mate (2005), ao refletir sobre a identidade do professor coordenador pedagógico (PCP), coordenador nas escolas públicas estaduais de São Paulo, apresenta aspectos da formação contínua desse profissional também observados pelas coordenadoras entrevistadas e traz, ainda que não textualmente, a ideia da formação contínua como espaço de busca e de envolvimento pessoal voltada para o desenvolvimento da prática profissional e para construção de uma identidade profissional:

Elas [as práticas da coordenação] estão se fazendo mediante um aprendizado local, com indagações e buscas de respostas a problemas gerados no cotidiano das escolas. Essas indagações e buscas começam a se explicitar nos encontros de PCPs [oficiais ou não], em que a troca de experiências passa a ter um significado especial, em que a escuta do outro também adquire um sentido de aprendizado. Enfim, o falar e o ouvir sobre as experiências passam a fazer parte constitutiva dos projetos em (re)construção, de modo que a busca, o contato e o diálogo com diferentes referenciais teóricos brotam do desejo de compreensão e respostas para as perguntas e angústias geradas nos espaços de trabalho (Mate, 2005, p. 18; inclusão nossa entre colchetes).

Então, quando se trata da perspectiva de quais saberes sustentam a prática do coordenador, é perceptível certo sincretismo de natureza pragmática, biográfica e bibliográfica, vinculado à pessoa do coordenador e suas muitas experiências pessoais, profissionais e formativas. A Figura 1 ajuda a visualizar esse processo.

Figura 1
Complexidade da formação do coordenador pedagógico

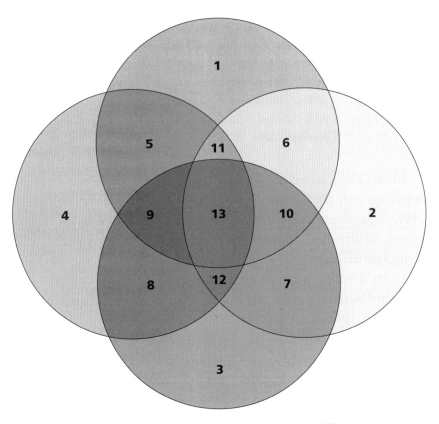

1. Formação inicial do coordenador
2. Tempo na profissão e na escola
3. Busca profissional
4. Outros cursos/pós-graduação
5. Outras experiências profissionais
6. Estágio
7. Conhecimentos experienciais
8. Troca de experiência
9. Formação contínua do CP, socialização profissional, leituras
10. Acompanhamento do PPP da escola
11. Expectativas em relação à coordenação
12. As atribuições do CP e a formação do docente na escola
13. Ser coordenador pedagógico

Fonte: Elaborado a partir dos dados da pesquisa e da bibliografia consultada.

Ser coordenador pedagógico significa estar imbricado a um emaranhado de situações que o forma continuamente e orienta as suas escolhas, suas atitudes e sua posição frente à formação dos professores na escola. Os relatos revelam profissionais que passaram pela formação inicial, mas foi no início da profissão que foram descobrindo-se como formador, ou seja, coordenador/formador na escola. A marca dessa formação contínua do coordenador revela-se em histórias pessoais, que desembocaram na pós-graduação ou na mudança de função, de coordenadora para diretora ou supervisora. As escolhas pessoais, profissionais e de formação foram norteando a vida dessas educadoras e as constituindo na profissão, influenciando de forma peremptória o modo de agir profissionalmente, conforme ilustrado na Figura 1.

Durante a pesquisa, as coordenadoras pedagógicas manifestaram a compreensão da formação contínua como a grande orientadora do trabalho na escola e da profissão, sendo considerada elemento fundamental na profissionalização do educador.

Quadro 1 A formação do coordenador, um entrecruzamento de experiências

A busca pessoal	"O aprender na prática, na minha opinião, implica inquietação, porque tem muitas coisas na escola que você percebe que não estão dando certo [...], mas se você olhar o que não estiver dando certo como algo que lhe incomode, então pode tentar algo para dar certo, isso é o aprender na prática" (Coord. Maria Vitória).
	"[...] o processo foi construído assim, na raça, [...] observando ideias interessantes, porque não posso dizer que a formação inicial tenha ajudado de fato [...]" (Coord. Maria Stella).
Os cursos oferecidos	"Foi realmente na prática, e nessa prática o que ajudou, na minha opinião, foram os cursos oferecidos pelas administrações. Quando ingressei em 2001, já era o PT que estava aqui, mas, para mim, independente de quem estava na administração, os cursos oferecidos ajudaram, pois quando entrei no cargo eu não tinha bem claro o que tinha que fazer, ficava meio perdida [...]" (Coord. Maria Vitória).
	"Os primeiros cursos de formação contínua foram bons, deu para tirar algumas coisas que me ajudaram" (Coord. Maria Stella).

	"Eu me lembro que os supervisores começaram a montar grupos de formação com os coordenadores, uma vez ao mês. [...] um supervisor que tinha cinco EMEIs, reunia as cinco e discutia um assunto, nós montamos um projeto com alguns temas que eram de maior desconhecimento ou dificuldades nossa [...], nós é que organizávamos o projeto, o supervisor só propiciava o encontro. [...] Depois nós montamos um curso à parte e passamos a pagar uma formadora e nos reuníamos na casa de uma das colegas para estudar, foi o que ajudou, porque não tínhamos uma formação da administração" (Coord. Maria Leda).
	"Toda formação que fui tendo foi por minha conta. Fiz o mestrado e o doutorado. Um ou outro curso, foi tudo interesse meu. Eu gosto de estudar e eu nunca deixei de ser professora. [...] Na rede municipal quando eu entrei, foi na época do Maluf, teve um curso para o coordenador pedagógico na USP e eu fiz aquele curso" (Coord. Maria Augusta).
As trocas com outra CP	"Outra coisa que ajudou muito foi a conversa com a minha colega de função, a gente ia para os cursos e trocava, conversava e nessas conversas a gente foi crescendo enquanto profissional, [...] a ajuda da minha colega foi muito importante [...]" (Coord. Maria Vitória).
	"[...] fomos aprendendo aos poucos, nos momentos das reuniões, na conversa com outros mais experientes" (Coord. Maria Stella).
	"A sorte é que como tinha a outra coordenadora, muita coisa ela agilizou porque ela tinha experiência. Na escola de ensino fundamental tem dois coordenadores e ela acabou me ajudando um pouco nessa questão da rotina da coordenação no ensino fundamental. Foi o que ajudou" (Coord. Maria Leda).
	"Então foi bom (referindo-se ao curso para o coordenador pedagógico oferecido na USP), mas não acrescentou muito em virtude da minha prática como professora e coordenadora, pelo fato de sempre ter estudado, foi bom pela troca com o grupo" (Coord. Maria Augusta).
A vivência em outras funções	"[...] fiz o concurso para coordenador e comecei a trabalhar [...] achei que foi importante ter trabalhado em sala de aula pra ter a visão (do trabalho docente) e entrei no cargo de coordenador com a visão de professor. Até hoje, eu sou uma defensora do professor, porque eu sempre me senti como professor, sei as dificuldades que ele tem e me sinto mais professora do que outra coisa na escola" (Coord. Maria Vitória).
	"Eu trabalhava com formação, e ali era muito bacana porque era formação mesmo [...]. Gostei muito dessa experiência. Então veio a oportunidade de ser coordenadora, como já havia tido a experiência anterior, então eu pensei que seria uma coisa legal [...] Mas dentro da escola, a gente vê que tem outras nuances, outras coisas que vêm interferindo no trabalho" (Coord. Maria Stella).

	"Eu acompanhava muito os alunos no estágio e estava aprendendo a ser coordenadora pedagógica porque estava orientando o trabalho deles, dos futuros professores. E quando os professores me indicaram para ser coordenadora pedagógica, eu ainda trabalhava no magistério, e sempre valorizei essa questão do estágio, da prática de acompanhar os alunos, da discussão com as turmas e acho que isso despertou o olhar dos meus colegas professores" (Coord. Maria Augusta).
Modos de atuação do coordenador	"Na primeira escola em que eu trabalhei como professora, ter ou não ter coordenador era a mesma coisa, porque só havia contato com o coordenador no Conselho de Classe e naquela época eu já fazia JEIF na escola, isto foi no ano de 1996. Para não dizer que não houve nada, havia a necessidade de um projeto e o coordenador chegou com o projeto já pronto, perguntando o que nós achávamos, pois o tema era as relações, chamava-se 'Conviver'. Ele apresentou o projeto, que estava interessante, mas não havia sido elaborado pelo grupo. Concordamos em desenvolver o projeto, mas pensamos em mudar o nome, então fizemos uma votação e sugerimos um outro nome. No final o nome não foi mudado. Depois, na outra escola em que eu fiquei cinco anos, a coordenadora era uma excelente pessoa, fazia um trabalho muito bom com os alunos, mas com o professor, profissionalmente, deixou a desejar" (Coord. Maria Vitória).
	"Nós acabamos seguindo uma linha. Nos grupos de JEIF nós discutimos, levantamos os temas, ouvimos as diferentes opiniões. As discussões não são impostas, algo que o coordenador traz e todo mundo diz amém. As JEIFs dão trabalho porque sabemos que vamos ter que construir e administrar as opiniões, o que pensa A e o que pensa B e vem o terceiro que pensa C, e dá trabalho" (Coord. Maria Stella).
	"Já trabalhei com coordenadores que não eram líderes e que as coisas não aconteciam. É preciso autoridade, essa questão de ser autoridade na escola não significa ser autoritário, isto também é algo que a gente conquista, mas eu acho que isso é o primordial para a formação do coordenador" (Coord. Maria Leda).
	"Eu não entendo coordenação dessa forma, ficar mandando as pessoas fazerem algo. Eu acho que ela existe no sentido de estabelecer parcerias. Eu senti muitas dificuldades de trabalhar com os professores da escola pública porque há um modelo de coordenador pedagógico dominante, por isso que os professores não gostam, falam muito mal do coordenador pedagógico [...]" (Coord. Maria Augusta).
As expectativas dos professores em relação ao trabalho do coordenador	"[...] o professor tem suas dificuldades em sala de aula e no momento em que ele consegue estar junto com seus pares, tem uma necessidade de estar falando dos pontos difíceis. [...]. Ele não para mais de falar disso, ele quer falar de indisciplina, ele quer falar que a sala está muito cheia, que o aluno não tem interesse, ele quer só falar das dificuldades do processo educativo, isso é o ponto que mais atrapalha o processo de formação" (Coord. Maria Vitória).

	"[...] às vezes eu acho que o CP é aquela pessoa com a qual o professor quer desabafar, contar as mazelas. As expectativas são mais nesse sentido, de quando o professor tem um problema [...]. Eles querem que o CP vá e resolva e não que problematize a sala de aula, o conteúdo, a metodologia. Tem reuniões pedagógicas e de JEIF que a gente tem que vir preparada porque os professores relatam os problemas e esperam uma resposta direta da coordenação, uma solução" (Coord. Maria Stella).
	"[...] o que eu mais estranhei foram as questões das relações. Eu tinha muitos problemas na outra escola com relacionamento porque tinha um grupo de professores muito antigo e na mesma escola há muitos anos, havia professor com 22 anos na mesma escola. Eu vim para cá na primeira remoção, a escola vai fazer três anos, isso foi muito positivo, apesar de eu ter um grupo muito maior do que eu tinha antes, é um grupo mais receptível, mais acolhedor, um pessoal que está com vontade de fazer um trabalho, pode não saber muita coisa, mas corre atrás. Na outra escola todos sabiam tudo" (Coord. Maria Leda).
	"[...] eu também aprendi isso na escola pública, eles [os professores] querem um coordenador que manda para poder dizer, quando o aluno não aprender, que gostaria de ter feito diferente, mas foi o coordenador quem mandou" (Coord. Maria Augusta).
O papel do coordenador pedagógico	"O coordenador tem essa função de gestor, assim como o diretor. Mas a ênfase, como o próprio nome do cargo, é o pedagógico. Na prefeitura nós ainda temos a vantagem do horário coletivo e esse horário permite fazer muita coisa [...]. Tem dia que você sai da JEIF meio frustrada, mas tem dia que você sai com a sensação de plenitude, [...] é um trabalho gratificante, que eu não vejo em outras funções" (Coord. Maria Vitória).
	"[...] se eu não priorizar a formação ninguém vai fazer, mas tem as outras atribuições, como alguns atendimentos, que outras pessoas podem fazer, [...] A existência do coordenador pedagógico se justifica por isso, é pensando em alguém que está ali pela formação, se não fizer isso fica muito complicado" (Coord. Maria Stella).
	"[...] é um papel importantíssimo, principalmente na questão da formação desses profissionais que estão aqui, garantir um trabalho de qualidade na educação infantil, na escola pública. Acho que é o primordial [...] investir na formação desses profissionais, até porque eles são muito heterogêneos, pessoas com experiências, pessoas que estão entrando, pessoas que nunca trabalharam na educação infantil, pessoas que estão na rede há pouco tempo, outras há muito tempo" (Coord. Maria Leda).
	"Na verdade, o papel do coordenador é de intervenção, se não for isto, para que precisariam de mim aqui?" (Coord. Maria Leda).
	"O coordenador tem um papel fundamental que é o de estar intervindo junto aos professores [...]" (Coord. Maria Augusta).

Fonte: Elaborado a partir das entrevistas concedidas pelas coordenadoras pedagógicas.

No Quadro 1, as categorias apresentadas revelam elementos que, na perspectiva das coordenadoras, promovem o desenvolvimento desse profissional. Nesta análise, a coincidência entre os relatos nas entrevistas e a reflexão dos autores citados evidencia uma preocupação com os aspectos estruturantes da atuação da coordenação pedagógica. As coordenadoras atribuem a sua profissionalidade a aspectos posteriores à formação inicial, ou seja, a busca pessoal, as trocas entre as coordenadoras, as vivências em outras funções e a participação em cursos diversos de escolha pessoal. O que se destaca na investigação é a situação ativa desses profissionais diante de sua própria formação e, especialmente, na produção de saídas para os problemas decorrentes dessa prática.

Guimarães (2006), ao analisar o trabalho de socialização profissional dos professores iniciantes, entende-o como uma fase de extrema importância para a profissionalização docente. Os depoimentos das coordenadoras também vão apontar esse período inicial de socialização profissional, que se caracteriza pela busca pessoal do sentido dessa atividade, quer por meio de consulta a profissionais mais experientes, quer pela busca de cursos de formação contínua. A definição de socialização profissional elaborada pelo autor favorece a articulação com o sentido que lhe é atribuído nesse trabalho, que é de explicitá-la como o período de introdução na atividade de coordenação, que se caracteriza pela busca de um saber e de um saber-fazer eficientes. Diz ele:

> Socialização profissional [...] é o processo através do qual as pessoas constroem valores, atitudes, conhecimentos e habilidades que lhes permitem e justificam ser e estar em uma determinada profissão. É um processo de concretização dos ideais profissionais. Poderíamos arriscar a dizer que, sob um aspecto mais objetivo, a socialização profissional constitui-se no processo de traduzir em práticas profissionais os conhecimentos inerentes à profissão. E, sob o aspecto subjetivo, constitui-se na efetiva identificação e adesão à profissão (Guimarães, 2006, p. 8).

Essas experiências arquitetam uma segurança profissional em decorrência da reformulação de alguns saberes e da elaboração de outros que orientam a atividade do coordenador.

De modo geral, o que se observou foi o empenho das coordenadoras na busca por uma profissionalidade que lhes permitisse atuar de forma competente na função, assim, verificou-se a influência de aspectos objetivos como *a busca pessoal* que move o coordenador para resolução de determinada dificuldade; *os cursos oferecidos* pela gestão pública, entidades de classe e universidades que ampliam conhecimentos e habilidades sobre o trabalho na escola; *as trocas de experiências* com pares, normalmente mais experientes, e *a vivência na função* que impõe escolhas, decisões e organização do trabalho. Também contribuem para esse processo de ordem mais subjetiva relacionado à opção ou à transição entre *modos de ser coordenador*, construídos na relação com as experiências anteriores, *a percepção do que os professores esperam do trabalho desse profissional* e as implicações desse fator nas tomadas de decisões e, finalmente, *aspectos relativos à compreensão do papel do coordenador pedagógico* que, mesmo estando num processo de reelaboração, evidenciam o caminho pedagógico trilhado pelas unidades educativas, bem como indicam posicionamentos em relação à condução da formação contínua do docente centrada na escola.

A seguir, a proposta é desenrolar esse emaranhado numa análise que possibilite uma aproximação e uma compreensão dessas influências na configuração da coordenação pedagógica.

A busca pessoal foi um dos primeiros elementos apontados pelas coordenadoras como tendo caráter formativo. Essa projeção normalmente está associada às demandas dessa atividade e está relacionada às tentativas de ação profissional, aos acertos e aos erros. Na fala das coordenadoras, conforme organizadas no Quadro 1, essa tendência aparece assim: "aprendi na prática", "foi uma construção empírica", "foi observando, estudando". Esses depoimentos evidenciam o investimento de tempo, energia e dinheiro na intenção de exercer bem a função e a falta de investimento do poder público na formação desses profissionais. Segundo Clementi (2005, p. 64), a busca pessoal pode não ser suficiente para o exercício reflexivo da coordenação pedagógica:

> Muitos coordenadores manifestam iniciativas pessoais de aprofundamento teórico, de envolvimento com suas práticas nas escolas, preocupação diante dos problemas com os quais deparam e, ainda assim, mesmo demonstrando empenho e envolvimento, muitas vezes assumem uma atitude de conformismo diante das insatisfações que sentem, em vez de tentar revertê-las.

Conforme ressalta a autora, ainda que exista um forte envolvimento pessoal, é possível que este esforço não produza nem o conhecimento necessário, nem a força para lutar contra as dificuldades que geram insatisfação, uma delas pode ser a ausência de uma formação que considere as necessidades do coordenador. Outros aspectos são o caráter de isolamento que pode ser decorrente dessa procura individual, a falta de espaços coletivos e a inflação de trabalho que prende o profissional em sua unidade, não lhe permitindo compartilhar com outros (seus pares) suas dúvidas. Ilustra essa ideia o depoimento que segue:

> Quando ingressei no cargo, não tive outras coordenadoras em quem me espelhar [...]. Foi realmente na prática, [...] pois eu não tinha bem claro o que tinha que fazer, *ficava meio perdida, porque todo mundo que me procurava trazia uma demanda de trabalho*, então você fica por um tempo tentando resolver tudo [...] (Coord. Maria Vitória; grifo nosso).

Nesta perspectiva, destacamos que o profissional centrado em entender e atender as demandas da prática pode, ainda, incorrer num "praticismo" frenético, que é a busca por responder satisfatoriamente às necessidades de todos na escola. Isso lhe rouba o tempo para a reflexão crítica, a pesquisa, o estudo teórico e para atender a questões específicas da coordenação pedagógica.

Os cursos de formação contínua são uma prática comum em todas as redes de ensino. Na última década, principalmente, tem se multiplicado o número de cursos voltados à coordenação pedagógica. Na rede municipal de ensino de São Paulo, os cursos de formação, específicos para os coordenadores, associados à implementação de projetos de governo, são obrigatórios. A coordenadora Maria Augusta, que ingressou em 1996, foi convocada para um curso na FE-USP, nesse mesmo ano, especialmente organizado para atender ao coordenador pedagógico. Mas, segundo ela, como o estudo já fazia parte da sua vida profissional e investia na sua formação, este, particularmente, não trouxe uma contribuição significativa, a não ser a possibilidade de interação com os pares.

A coordenadora Maria Leda, que ingressou em 2000, relatou que o primeiro "curso", uma assessoria paga por um grupo de coordenadoras recém-ingressantes, aconteceu movido por uma necessidade pessoal e, portanto, contribuiu para a construção de sua identidade, numa época em que não havia formação institucional para os coordenadores. Posteriormente, os supervisores organizaram grupos de formação tentando suprir esta ausência e o foco deste trabalho estava na troca de experiência e no estudo. As coordenadoras Maria Vitória e Maria Stella ingressaram na mesma época, em 2002, e se beneficiaram, também, dos cursos oferecidos pela rede que problematizavam a função do coordenador pedagógico. Nesses casos, a oferta e a busca de cursos estão diretamente associadas ao acúmulo de saberes que auxiliem no exercício competente da profissão.

Garrido (2007), ao enfocar a importância do trabalho de formação desenvolvido no horário coletivo pelo professor-coordenador, faz uma análise da eficácia do uso deste espaço/tempo e o investimento da formação deste profissional, situação que podemos aplicar ao trabalho desenvolvido pelo coordenador pedagógico. Segundo a autora:

> É preciso investir nesse espaço, e isso significa que é preciso investir na formação do professor-coordenador, na medida em que ele é o agente estimulador e articulador desse processo. Para tanto, é preciso que ele, figura isolada em sua unidade escolar, tenha um espaço coletivo e formador, análogo ao HTPC [Horário de Trabalho Pedagógico Coletivo], no qual possa apresentar as dificuldades inerentes à sua nova

função, partilhar angústias, refletir sobre sua prática como coordenador, trocar experiências... crescer profissionalmente, para poder exercer de forma plena sua função formadora e promotora do projeto pedagógico (Garrido, 2007, p. 11; inclusão nossa entre colchetes).

As trocas de experiências com outras coordenadoras foram apontadas por todas as coordenadoras entrevistadas como um elemento fundamental na formação do coordenador pedagógico, principalmente do coordenador iniciante.

Nas vivências relatadas, as trocas de experiências aconteciam nos cursos de formação contínua, no próprio local de trabalho quando havia outra coordenadora, em contatos telefônicos, nas reuniões de que participavam nas diretorias de educação, onde houvesse oportunidade de conversa. Nesses casos, a troca era direta. Perguntava-se o que se desejava saber e a resposta do outro trazia elementos para se pensar a própria realidade.

Observa-se que essa troca de experiência vivenciada pelas coordenadoras não era uma modalidade formadora sistemática, mas uma ação imbricada com a busca pessoal e com as relações que se estabeleciam no exercício da função. Tal perspectiva apresentava um caráter formativo, mas não se constituía, por si só, em uma construção pautada na reflexão crítica sobre os saberes e fazeres socializados.

As coordenadoras, também, assinalaram a *vivência em outras funções educativas* como elemento de contribuição para o exercício da coordenação. Experiências diversas como professoras em diferentes redes de ensino, assistentes técnico-pedagógicas, docentes universitárias e coordenadoras em outra rede contribuíram para as entrevistadas elaborarem seus perfis profissionais, agregando valores e habilidades ao modo de ser coordenadora e de conduzir a formação contínua na escola.

A convergência dos depoimentos revela que a figura do coordenador não está dissociada de suas experiências profissionais e de seu posicionamento na sociedade, portanto, sua atividade está de certa forma condicionada a essas múltiplas experiências. Assim, parafraseando Nóvoa (1992), a formação contínua do coordenador também produz a vida, a profissão e a escola, tornando impossível separar, na ação, a pessoa e o profissional.

Outro aspecto destacado pelas coordenadoras e que contribuiu para a constituição de sua subjetividade foi a consciência de *modos (diversos) de atuação do coordenador*. A forma de atuar na profissão, conforme relato das participantes, revela uma adesão maior ou menor a um modo de ser coordenadora.

Alguns modos foram sendo burilados pelas experiências vividas na posição de professor sob a orientação de coordenadores pedagógicos. A experiência da coordenadora Maria Vitória, relatada no Quadro 1, torna-se emblemática da representação do tipo de coordenação que ela não queria desenvolver, nem autoritária nem desfocada, pois ambas são caracterizadas como uma falha profissional.

A coordenadora Maria Leda faz uma distinção entre liderança/autoridade e autoritarismo, revelando o que aprendeu com essas experiências, ou seja, que é possível ser uma líder sem ser autoritária. Quando esse aspecto não é considerado, segundo ela, "as coisas" (os projetos, a formação contínua do docente, o coletivo da equipe, as intervenções críticas etc.) não acontecem na escola.

Os depoimentos mostram que as coordenadoras exercem seu trabalho mediado por uma linha de pensamento, uma ideia de atuação profissional. Esse modo de ser, que orienta o trabalho dessas profissionais, pode caracterizar-se por uma produção coletiva, se a equipe for madura para "administrar" as opiniões e as discordâncias. Contudo, pode configurar-se como a prática de uma ideia dominante e pouco reflexiva sobre a atuação desse profissional, situação ilustrada pela coordenadora Maria Augusta quando afirma que o coordenador pode ser visto como uma pessoa que manda, que controla e que cobra.

Os múltiplos "jeitos" de ser coordenador pedagógico estão associados: à formação, à competência profissional, ao receio do trabalho com professores, ao medo de falhar frente aos superiores, à organização da escola, à relação com a direção e equipe docente, às crenças pessoais, à cultura da escola etc., mas será sempre uma opção que, *grosso modo*, penderá para uma ação autoritária ou partilhada e coletiva.

Dessa forma, o coordenador, entendido como gestor, cuja ênfase está nas discussões pedagógicas, conforme definido pela coordenadora Maria Vitória no Quadro 1, tem uma série de atribuições que vão desde o acompanhamento das atividades pedagógico-didáticas e curriculares com ênfase na sala de aula até a priorização dos processos formativos na escola, objetivando o aprimoramento da ação pedagógica. Nos dois aspectos, o que se destaca é a responsabilidade pela intervenção, coerente, positiva, reflexiva e crítica, para o avanço da ação profissional dos professores, que se constitui em um saber que não está descrito em nenhum manual, construído num processo de formação contínua que precisa considerar a escola e seus educadores como situados num tempo/espaço histórico específico.

Todas essas experiências, conjuntamente e num determinado tempo, vão reelaborando o nexo da ação do coordenador pedagógico e moldando um determinado perfil de coordenação. Certo é que cada vez mais a coordenação pedagógica nas escolas públicas vai assumindo a formação desenvolvida na escola como algo inerente ao seu trabalho.

4. O período de iniciação profissional do coordenador pedagógico: um terreno fértil para a autoformação ou para a deformação?

Embora se entenda que a formação dos coordenadores iniciantes esteja relacionada com a formação contínua desses profissionais, os depoimentos destacaram o período inicial na função/no cargo como conturbado, repleto de angústias e inseguranças, reforçando a importância do acompanhamento desses profissionais nessa fase inicial.

Mesmo que já haja essa preocupação em relação ao professor iniciante (Marcelo Garcia, 1999), esse cuidado parece não existir quanto ao coordenador iniciante. Há um silêncio dos meios acadêmicos sobre esta questão, talvez porque a expansão da ação do coordenador pedagógico, na forma como está configurada na atualidade, tenha acontecido no final da década de 1980, e a partir daí vem se reconfigurando. Outra possibilidade é a associação que alguns fazem entre a função de professor e a de coordenador, como se, para o exercício do segundo, apenas a experiência docente pudesse ajudá-lo.

Os coordenadores, no período inicial, procuram estabelecer nexos entre os seus conhecimentos sobre a ação da coordenação pedagógica e as informações decorrentes das inúmeras experiências de socialização profissional, o que não lhes garante de imediato uma ação segura e eficiente. Porém, essas experiências favorecem a criação de zonas de intersecção entre os saberes de quem assume a função, a vivência dos coordenadores mais antigos e os cursos relacionados ao papel do coordenador. Juntas, todas essas práticas favorecem a elaboração de uma identidade inicial que vai se redefinindo à medida que o *ser coordenador* vai assumindo contornos nítidos.

A reflexão feita pelos entrevistados sobre esse período de trabalho do coordenador apontou alguns aspectos que podem influir na forma de exercício da coordenação, na sua estruturação e na construção de uma identidade. São eles: *a insegurança, o medo e o processo de ser coordenador; o choque com a realidade complexa da escola; o processo de aprender as normas, valores e condutas — a cultura da escola.* Tais aspectos serão comentados a seguir.

4.1 A insegurança, o medo e o processo de se constituir coordenador pedagógico

A literatura especializada (Cavaco, 1995; Marcelo Garcia, 1999) tem dado relevo ao período de iniciação profissional de professores, destacando que, embora esse período faça parte do desenvolvimento profissional, tem características próprias que requerem uma análise particularizada, sendo esses primeiros anos um tempo de intensa aprendizagem, de muita tensão e de construção de uma identidade

O COORDENADOR PEDAGÓGICO

profissional (Marcelo Garcia, 1999). Semelhantemente ao professor, o coordenador iniciante assume demandas novas de trabalho que requerem novos conhecimentos, a reelaboração de sua identidade profissional e o equilíbrio das tensões advindas de uma nova atividade.

Os depoimentos que seguem revelam claramente como este momento inicial da carreira traz uma série de desafios para o profissional que, mesmo com uma formação específica, tende a lidar no conjunto da atividade com diversos conhecimentos simultaneamente, além de se relacionar com personagens que desempenham papéis diversos e afins na trama que é o trabalho educativo na escola.

As coordenadoras Maria Leda e Maria Stella mostram certa concordância quanto às dificuldades vividas no início como coordenadoras pedagógicas; apontam que o profissional fica sem entender o que está acontecendo, o que tem de fazer, a dinâmica de sua ação e ainda como as pessoas se aproveitam desta fase para aumentar ou atribuir novas demandas ao trabalho do coordenador:

> [...] fui ser coordenadora em uma escola de ensino fundamental. Eu entrei em julho e fiquei seis meses nessa escola, na verdade, foram seis meses de observação de entendimento das coisas. *Eu não sabia o que acontecia, não conhecia a dinâmica de uma escola de Ensino Fundamental* [...] eu tive pessoas que me ajudaram, que iam me explicando as coisas. Eu me lembro quando chegaram os livros para a escolha dos livros didáticos, e *eu via aquele material chegando e não entendia porque chegavam*, até que um dos professores me disse que era para a escolha dos livros didáticos. Eu pensava que era doação de alguém. Nossa, era difícil, na verdade eu fiquei observando tentando entender [...], foi muito assustador esses seis meses (Coord. Maria Leda; grifos nossos).

> *No início a gente chega e parece que todo mundo tem uma demanda para a coordenação.* Você está no meio da JEIF e alguém vem falar do telefone, isso é um processo de construção, no começo as pessoas interferiam muito, não entendiam que aquele era um espaço da coordenadora e dos professores e que aquilo era prioridade (Coord. Maria Stella; grifo nosso).

Os depoimentos revelam sentimentos complexos: dúvida, medo e inseguranças, fruto da pressão por resultados imediatos. Tal situação gera um alto grau de ansiedade, que, longe de mobilizar maior envolvimento, produz uma tensão que pode dificultar a adaptação do coordenador recém-ingressante, além de criar uma sensação de incompetência que desmobiliza, causa angústia e faz o profissional duvidar de sua própria capacidade.

A solidão parece ser o sentimento dos primeiros tempos, como enfocada na fala da coordenadora Maria Vitória, fruto talvez do individualismo que ainda impera nos sistemas educativos. Só a integração do novo profissional à equipe pode superar esse sentimento e isso se dará à medida que os gestores, diretores principalmente, ajudarem o profissional a atuar dentro da sua competência e conhecer os aspectos que caracterizam a cultura local:

> Nos primeiros anos nós trazíamos tudo, teve até um pouco de resistência. Sabe como é, coordenador novo que começou agora [...] o coordenador anterior tinha uma prática aceita e a pessoa quando chega não tem aquela receptividade, [...] não tem muitos vínculos. No primeiro ano, eu me senti muito sozinha no grupo de JEIF, quando trazia um assunto para discutir, eu praticamente falava sozinha e até me cansava. Então, eu percebi que com o tempo nós fomos aceitas como profissionais. Eu sinto que hoje tenho parceiros, muitos professores que me ajudam [...] (Coord. Maria Vitória).

Emoções e sensações como as descritas pelas coordenadoras não são produtivas. É sabido que todo início, num novo espaço de trabalho educacional, requer uma dedicação maior dos profissionais, quer ingressantes, quer veteranos, pois a atividade educativa tem exigências que estão associadas a uma cultura local, a um lugar específico e às relações interpessoais nesse contexto. Isso impõe como requisito da profissionalidade uma atitude adaptativa.

Além do indispensável apoio da equipe escolar, no caso específico do coordenador iniciante, é importante que a supervisão escolar de sistema conheça esse profissional e faça as mediações necessárias, inclusive orientando sobre aspectos singulares de sua prática. É preciso que esse coordenador seja apoiado em seu trabalho para que, sentindo-se amparado, possa desenvolvê-lo com mais segurança.

4.2 A realidade complexa da escola

Outro aspecto, ainda relacionado aos coordenadores iniciantes, diz respeito ao impacto no início do exercício da profissão, entre o que se imagina do trabalho e o que de fato ele é. A realidade escolar, nas suas muitas dimensões, contradições e oposições, manifesta as possibilidades e impossibilidades desse trabalho. Nem sempre um profissional inexperiente é capaz de enxergar, numa realidade que impressiona pelos desafios, as possibilidades de um trabalho coerente e transformador. A coordenadora Maria Vitória em seu depoimento relata como enfrentou essa realidade.

> Você tem que perceber qual é, de fato, sua função e o que você deve priorizar, você vai sempre continuar fazendo muitas coisas, mas qual é, de fato, a prioridade. [...] Nossa, eu sofri muito com isso, quando eu entrei aqui, eu queria muito resolver todos os problemas da escola, [...] hoje estou num momento mais calmo, continuo tentando resolver uma porção de coisa, mas não com o desespero inicial.

As coordenadoras, de modo geral, apontam como um aspecto dificultoso do trabalho, principalmente no início, a própria dinâmica de organização da escola e da rede de ensino. Um coordenador inexperiente que chega a uma escola encontra, atualmente, professores e alunos lutando contra as dificuldades pedagógicas, o desafio de organizar projetos de formação docente, grupos de professores para acompanhar e um discurso sobre o trabalho coletivo, sobre a importância da reflexão crítica do docente e sobre a gestão participativa. O que seria tudo isso? Como lidar com o aluno do ensino fundamental II (adolescente), quando a experiência profissional está toda na educação infantil? Ou vice-versa? Nessa perspectiva, relativa aos níveis de ensino e suas especialidades, são grandes os desafios a serem superados.

Ainda que o coordenador precise desenvolver uma postura investigativa sobre seu próprio trabalho, o bom acolhimento desse profissional pode fazer diferença, pois chegar a um lugar e buscar de forma isolada compreender a cultura da unidade escolar é um processo que pode levar muito tempo e, ainda, incorrer em erros de interpretação e análise.

A forma de acolhimento dos coordenadores assume, nesta perspectiva, um papel importante, pois introduz o profissional na realidade educativa facilitando-lhe o acesso às informações, ao material e às pessoas e revela a disposição da equipe com o trabalho educativo. Os relatos a seguir evidenciam duas formas distintas de acolhimento:

> Então vim aqui, nunca tinha nem passado próximo, já tinha ouvido falar, mas não sabia onde ficava, cheguei aqui e quando olhei a escola por fora gostei do visual, das plantas. Em 2000, ela tinha passado por uma pequena reforma, o teatro era novo. Então, entrei, expliquei o problema [que estava visitando a escola porque iria escolher uma unidade para atuar como coordenadora] e me conduziram à assistente, que reconheci como uma amiga de infância, frequentávamos a mesma igreja. Quando cheguei, ela estava atendendo uma criança, mas era uma conversa tão amena que gostei daquela relação. Então eu a cumprimentei e ela teve o cuidado de me mostrar a escola. Chegando à sala dos professores, me apresentou e disse que talvez eu viesse a ser a coordenadora. Eu senti um acolhimento e na hora decidi — é aqui e pronto. Senti-me pertencendo à escola antes mesmo de escolher (Coord. Maria Vitória).

> Quando eu estava na escola de ensino fundamental [...] tinha um diretor que muitas vezes me ajudava a organizar o trabalho, a dar andamento às atividades [...] (Coord. Maria Leda).

> Quando eu ingressei, foi no mês de janeiro [...]. Eu estava chegando na escola e só tinha alguns profissionais da secretaria. Comecei a fuçar e descobri um pacote com a avaliação da Unidade Escolar, cujas questões eram muito pobres, quase para recolher elogios (Coord. Maria Augusta).

A coordenadora Maria Vitória viveu uma experiência muito importante de acolhimento e de contato com a cultura da escola, que criou uma ligação rápida e favoreceu sua inserção no espaço escolar. Situação que, com certeza, amenizou o choque com a realidade de uma escola grande e com as muitas atribuições do coordenador pedagógico.

A coordenadora Maria Leda também vivenciou uma situação muito positiva. Embora não tivesse experiência com a modalidade de ensino, recebeu todo apoio da direção, que "ajudava a organizar o trabalho", o que se refletiu na acolhida dos professores e demais funcionários. Embora a insegurança fosse um fato, não se sentia sozinha.

Situação inversa foi experienciada pela coordenadora Maria Augusta, que chegou à escola num período em que a direção não se encontrava presente, então teve que buscar a compreensão do espaço e de sua atividade sozinha, teve de "fuçar", como ela mesma afirma, para descobrir como a escola funcionava, porque não havia ninguém que a introduzisse naquele meio. O registro da avaliação não lhe trouxe informações significativas que possibilitassem compreender o modo de organização daquela instituição, o que pensavam os professores sobre os projetos desenvolvidos, os pontos positivos e os que precisavam ser melhorados, as dificuldades enfrentadas e a concepção pedagógica que movia a ação dos educadores.

Em outro momento, essa coordenadora explicita que no primeiro ano foi tão difícil estabelecer parcerias que a fez pensar em desistir. Mas, a mudança da direção permitiu-lhe estabelecer novas relações que possibilitaram a construção de projetos diversos envolvendo a comunidade interna e externa, a ampliação do modelo de formação desenvolvido até então, a vivência de uma gestão participativa que trouxe para dentro da escola a comunidade e a melhoria da aprendizagem dos alunos. No segundo ano, a coordenadora foi acolhida como pessoa e profissional experiente, o que lhe abriu as portas para envolver a equipe docente com a investigação da realidade escolar e do próprio trabalho pedagógico desenvolvido.

Os relatos das coordenadoras não revelam coincidências entre as experiências de acolhimento no início da atividade de coordenação pedagógica, mas mostram claramente que o apoio recebido pode contribuir para uma visão favorável desse trabalho, bem como promover a organização do coordenador.

Alguns coordenadores chegam tateando, buscando atuar em situações das quais possuem pouco conhecimento, enquanto procuram entender o contexto e as atribuições da função naquele espaço. Outros iniciam repletos de ideias e dispostos a inovar, *"cheios de gás"*, mas vão perdendo o entusiasmo frente a uma realidade limitante, numa dinâmica que deixa pouco espaço para a introdução de referências novas. Ser apresentado à complexidade do espaço escolar por um profissional experiente (um tutor) ou por uma direção preocupada com o acolhimento pode significar a diferença entre o comprometimento com o trabalho e os projetos da unidade e a indiferença em relação a eles.

As demandas de trabalho da coordenação pedagógica, pelo seu volume e extensão, indicam aos iniciantes a importância da organização das ações e do planejamento, pois, mesmo que a prioridade na escola seja a formação, isso não descarta todas as outras atribuições, uma vez que a articulação do trabalho pedagógico na escola assume diversas facetas.

4.3 Aprendendo normas, valores e condutas — a cultura da escola

Os primeiros anos do coordenador pedagógico são marcados, também, pelo mergulho na cultura da escola. Afinal, atuar em determinado espaço/tempo significa conhecer a sua rotina, seus educadores, sua relação com a comunidade educativa e com os órgãos centrais, conhecer os limites e possibilidades da função na relação com as condições materiais e humanas.

Esse é um processo de aprendizagem contínuo que implica conhecer a escola, o seu funcionamento e o sistema de ensino, com suas leis, normas e regulamentos. A atuação pedagógica não se faz no vazio, ela é concreta e depende de condições objetivas para que sejam atingidas suas metas. Portanto, compreender os modos de organização da cultura escolar em determinado sistema de ensino é um marco para o desenvolvimento do trabalho educativo. A equipe, quando envolvida por um projeto único, poderá compartilhar suas inseguranças e criar condições para a busca de alternativas frente às situações desafiadoras. Isso só será possível se a opção for pela construção de uma ação cooperativa e coletiva em relação às atividades pedagógicas.

A partir desses elementos iniciais, é possível ao coordenador ir construindo uma competência técnica e reflexiva que lhe permita fazer julgamentos e escolhas mais eficientes, confiante nas experiências recém-adquiridas. Observa-se que essa foi a situação narrada pelas coordenadoras:

> No primeiro ano em que nós estávamos aprendendo, não que hoje nós saibamos tudo, eu estava mais insegura, tinha aquela preocupação com o que ia trazer, porque os professores pouco contribuíam [...] e tinha um supervisor que era muito burocrático, exigiu um cronograma no PEA. No primeiro momento, quando falamos com os professores sobre o cronograma, eles reclamaram muito, mas no final foi muito bom, porque acabou organizando o trabalho e, por ter sido no coletivo, eles construíram juntos (Coord. Maria Vitória).

> Não atendo ninguém no horário coletivo [...] eu tenho um cronograma geral de trabalho colado na porta e nele coloco em vermelho os horários que eu estou em JEIF. Todos sabem que naquele horário eu estou com os professores e, portanto, não atendo telefone e nem mães de alunos. Peço para passar para ela o melhor horário, lá está discriminado os melhores horários para atender à comunidade. No começo, fica-se naquela ansiedade, meio perdido, mas, depois, você vai limpando e vai conseguindo se organizar (Coord. Maria Stella).

O período da iniciação profissional torna-se difícil porque, normalmente, se desconhece a dinâmica do espaço, como operar em relação aos educadores, às ideias que orientam o trabalho, às vezes, até ao conjunto da legislação educativa de determinado estado ou município que de forma direta ou indireta, influi na organização do trabalho pedagógico na escola.

Também é necessário destacar que faz parte do desenvolvimento profissional a busca pela identificação com o outro, a aprendizagem e a mudança de perspectiva. No entanto, considerando o desafio da construção de uma escola pública de qualidade para todos e o deslocamento da formação contínua do docente para a escola, faz-se necessário um investimento cada vez maior na formação inicial e contínua dos profissionais que desenvolvem o trabalho educativo escolar, a fim de que se criem condições para o desenvolvimento de uma racionalidade reflexiva e crítica, que leve à ponderação sobre a prática dos educadores e sobre os conhecimentos pedagógicos elaborados.

Nesta perspectiva, o coordenador assume um papel de destaque, mediado pelas suas experiências profissionais e por uma formação que favoreça a construção de uma saber-fazer na coordenação pedagógica, na organização de um trabalho pautado na reflexão crítica e no protagonismo da equipe escolar na elaboração de um projeto pedagógico local, que estabeleça as bases para o desenvolvimento de crianças, jovens, adultos e educadores por meio de uma educação qualificada e não apenas na implementação de programas externos à escola.

A vivência na função, a relação entre os educadores, os cursos, a vontade de fazer melhor o trabalho, a dedicação, a experimentação, os medos e anseios, o conhecimento das leis, a interação com a comunidade escolar, a humildade para ouvir o outro — os professores, os pais, a supervisão, o diretor ou os alunos — contribuem para a formação do coordenador, que, paulatinamente, vai desenvolvendo sua formação, que é contínua, assim como é permanente e múltiplo o desafio desse profissional, especialmente frente à responsabilidade da formação do docente na escola.

A reflexão sobre esses aspectos ajuda a compreender melhor os limites e as possibilidades da ação do coordenador pedagógico na formação contínua do docente pela sua circunscrição a uma história ontogênica e filogênica, o que significa considerar a pessoa do coordenador pedagógico, a criação desse cargo/dessa função imbricado(a) com a história da educação paulistana, com a formação inicial e contínua desse profissional.

A partir dessa compreensão sobre a trajetória da coordenação pedagógica, o próximo capítulo pretende estabelecer uma relação entre a organização-escola e a formação contínua do docente, tomando como parâmetro a relativa autonomia da escola na elaboração de seu projeto político-pedagógico e o trabalho na formação como um projeto compartilhado.

II

A escola, o coordenador pedagógico e a formação

> O projecto educativo de escola constitui o instrumento essencial de uma gestão estratégica do estabelecimento de ensino, cuja construção e avaliação, nas suas diferentes facetas, se configuram como eixo fundamental de um processo de formação contínua dos professores. É portanto num quadro mais global, balizado pelo projecto educativo de escola, que deve ser pensado e concretizado o plano de formação.
>
> *Rui Canário*

O projeto educativo da escola, conforme salienta o autor em epígrafe, tem um papel essencial na organização da instituição escolar e constitui-se no eixo do processo formativo centrado na escola. Essa compreensão deve considerar a complexidade do espaço escolar que é público e historicamente situado, cujas ações são conduzidas por seus profissionais, entre eles o coordenador pedagógico. Assim, a formação contínua ganha diferentes sentidos e significados em razão das diversas relações que o projeto educativo estabelece.

O objetivo, neste ponto, é analisar a relação entre a escola, a coordenação pedagógica e a formação, para tanto, são destacados os papéis, no projeto político-pedagógico, do diretor e do supervisor de ensino imbricados no trabalho do coordenador pedagógico e na formação contínua do docente. Essa análise visa determinar a contribuição e a influência desses segmentos na articulação dos projetos de formação.

1. A instituição escolar e a coordenação pedagógica construindo uma competência formadora

Nóvoa (2001) menciona cinco fases formadoras dos professores, quais sejam: a experiência do docente como aluno na educação de base; sua formação inicial; o estágio supervisionado; os primeiros anos na profissão, e a formação continuada. Algumas dessas fases acontecem em simultaneidade: na formação inicial, o futuro docente vive o papel de aluno e de estagiário, e a formação contínua pode iniciar-se já nos primeiros anos de docência, na perspectiva de formação em serviço.

Atualmente, no Brasil, assume especial relevância a discussão sobre a formação contínua do docente em serviço. Isso ocorre em virtude de pressões externas, especialmente do Banco Mundial,[1] que advoga um direcionamento maior dos recursos aplicados em formação docente para a formação contínua, aligeirando a formação inicial.

Em se tratando da formação contínua, são profícuos os estudos que apontam a escola como *locus* de formação docente, principalmente pela proximidade com a prática educativa, favorecendo a reflexão sobre a ação. Autores como Nóvoa (1999, 2001); Canário (1997, 2006); Fusari (1997, 2007); Alarcão (2001); Libâneo (2003) e outros têm corroborado essa ideia. Canário (1997, p. 1), refletindo sobre essa temática, faz a seguinte afirmação:

---

1. Sobre o Banco Mundial e as políticas públicas, ver Tomasi, L. de; Warde, M. J.; Hadad, S. (Orgs.). *O Banco Mundial e as políticas educacionais*. São Paulo: Cortez, 2000.

A escola é habitualmente pensada como o sítio onde os alunos *aprendem* e os professores *ensinam*. Trata-se, contudo, de uma ideia simplista, não apenas os professores aprendem, como aprendem, aliás, aquilo que é verdadeiramente essencial: *aprendem a sua profissão* (grifos do autor).

Para o autor, a escola apresenta as melhores condições para a formação contínua do docente, pois é lá o lugar onde o professor organiza e exercita sua prática, num contexto dinâmico que possibilita o exercício de uma reflexão orientada pela própria prática pedagógica.

A formação contínua na escola não assume caráter compensatório nem diminui a importância e a necessidade da formação inicial dos professores, concentradas nos cursos de Pedagogia e de licenciatura. Esses cursos devem caracterizar-se por sua excelência e não por um processo de progressiva subordinação da formação profissional à lógica tradicional da universidade clássica, baseada na valorização de conhecimentos desvinculados das demandas, da realidade cotidiana da educação, verificadas nas diversas escolas espalhadas pelo nosso grande território nacional.

A ênfase na profissionalização continuada, na prática reflexiva e nas dimensões sociais e políticas do trabalho pedagógico na escola faz oposição a uma concepção que, protegida pelo discurso da qualidade e pela pseudoneutralidade das avaliações institucionais, tende a atribuir ao professor a responsabilidade pela baixa qualidade da educação, pelo fracasso educacional.

Não obstante, a produção na área da formação docente no Brasil e no exterior tem atribuído à escola e às socializações profissionais desenvolvidas nesse espaço uma especial importância como elemento de formação contínua do docente, principalmente quando enfoca a escola como contexto de ação e reflexão do professor, ressignificando-a, tornando-a um lugar onde os professores aprendem a profissão pela relação entre a teoria (pesquisas, estudos, discussões e trocas de experiências) e a prática (sala de aula).

Corrobora também, para essa reflexão, o debate atual que valoriza as experiências profissionais docentes como reveladoras de uma epistemologia construída a partir da prática, num processo de reflexão sobre o fazer. Nóvoa (1992); Schön (1992); Marcelo Garcia (1999); Sacristán (1995); Contreras (2002); Pimenta (1996, 1998, 2002a), entre outros, vêm enfatizando que o professor é um profissional que reflete sobre o seu saber e o seu saber-fazer, contextualizado num processo de profissionalização contínua que reorienta suas concepções e a sua prática.

A expressão *formação contínua* será tomada como um *continuum* formativo que tem sua origem na formação inicial, compreendendo um processo que acompanha toda a vida do educador. A formação contínua centrada na escola constitui-se numa das modalidades de formação contínua que visa, nesse *continuum*, ao desenvolvimento profissional, teórico e prático do educador no próprio contexto de trabalho.

No entender de Libâneo (2003), acompanhar a formação contínua, dentro da jornada de trabalho, é uma tarefa que envolve o setor pedagógico da escola, ou seja, o coordenador pedagógico. Nas palavras do autor:

> [...] é na escola, no contexto de trabalho, que os professores enfrentam e resolvem problemas, elaboram e modificam procedimentos, criam e recriam estratégias de trabalho e, com isso, vão promovendo mudanças pessoais e profissionais (Libâneo, 2003, p. 189).

Assim, a escola torna-se um lugar profícuo para a formação, porque congrega a atividade profissional, a possibilidade de reflexão sobre a ação, bem como um profissional específico para promovê-la.

No entanto, a simples conjugação de esses três fatores não basta para promover mudanças na profissionalidade docente. Esse é um processo complexo que precisa considerar as necessidades profissionais dos professores, tanto dos iniciantes como dos veteranos, ou seja, envolver todos os profissionais nas discussões e nas decisões pedagógicas; na elaboração e na avaliação do projeto político-pedagógico; na organização de projeto de estudo; e nas reuniões para a discussão da prática pedagógica.

O COORDENADOR PEDAGÓGICO

Marcelo Garcia (1999, p. 171), ao considerar aspectos referentes à formação na escola, ressalta que tal concepção tem como princípio "[...] entender a escola como lugar onde surgem e se pode resolver a maior parte dos problemas de ensino". Tal análise pressupõe o envolvimento dos educadores não só no processo de detectar os problemas, mas, sobretudo, na proposição de soluções locais. Pimenta (2002a, p. 72-3) confirma essas ideias, quando faz a seguinte reflexão: "Trabalho coletivo significa tomar a problemática da escola coletivamente com base na individualidade de cada um, da colaboração específica de cada um, em direção a objetivos comuns [...]". A autora destaca a implicação pessoal como um fator decisivo nas ações coletivas, o que inclui a formulação da própria formação contínua que, por se caracterizar como processo compartilhado, pode significar adesões e resistências de alguns da equipe.

Os projetos de formação desenvolvidos fora da escola em cursos, seminários e palestras caracterizam-se por focar os temas de educação de modo amplo, e também têm seu valor e importância, no entanto, a formação na escola consegue considerar aspectos da singularidade de cada unidade educativa, que tem se caracterizado como uma dificuldade pedagógica para aquela comunidade educativa.

Marcelo Garcia (1999) sugere que o êxito no processo de formação centrado na escola diz respeito às condições para essa iniciativa, ou seja, a necessidade de liderança (diretores, professores); o clima relacional entre os membros da escola, influenciado pela cultura grupal e pela cultura do meio; os próprios professores e seu comprometimento com um projeto voltado à melhoria da escola; e a natureza da formação proposta, se reflexiva, dinâmica e sensível ao contexto. Todos esses aspectos contribuem para o bom desenvolvimento dessa modalidade de formação.

Ao enumerar essas condições, o autor reafirma a importância do coordenador pedagógico na liderança do processo formativo desenvolvido na escola, embora não use esse termo especificamente. A ideia de um "líder" ou coordenador que promova o processo reflexivo está explícita, bem como o compromisso coletivo e individual dos educadores. Em concordância com o autor, é possível afirmar que o coordenador coordena um grupo de pessoas, homens e mulheres que se dispuseram a pensar coletivamente sobre o seu fazer e o espaço social em que esse fazer se desenrola.

Libâneo (2003) acrescenta que cabe ao coordenador a difícil tarefa de auxiliar o professor no desenvolvimento do trabalho pedagógico de modo a contribuir com a melhoria da qualidade do ensino, construindo e administrando situações de aprendizagem adequadas às necessidades educacionais dos alunos, por meio da reflexão e da investigação. Esse procedimento está associado ao processo de formação contínua e sistemática que considera as necessidades dos educadores envolvidos.

Subsidiar a reflexão dos professores em serviço, problematizando as razões que justificam suas opções pedagógicas e suas dificuldades, pode favorecer a tomada de consciência dos professores sobre suas ações e estimular a pesquisa em torno dos conhecimentos que os levem a superar essas circunstâncias. Assim, a formação contínua centrada na escola possibilita a mudança educativa pelo envolvimento do professor no processo de desenvolvimento profissional. Candau (1997, p. 57) reafirma a importância da escola como *locus* de formação:

> [...] considerar a escola como *locus* de formação continuada passa a ser uma afirmação fundamental na busca de superar o modelo clássico de formação continuada e construir uma nova perspectiva na área de formação continuada de professores. Mas este objetivo não se alcança de maneira espontânea, não é o simples fato de estar na escola e de desenvolver uma prática escolar concreta que garante a presença de condições mobilizadoras de um processo formativo. Uma prática repetitiva, uma prática mecânica não favorece esse processo. Para que ele se dê, é importante que essa prática seja uma prática reflexiva, uma prática capaz de identificar os problemas, de resolvê-los, e cada vez mais as pesquisas são confluentes, que seja uma prática coletiva, uma prática construída conjuntamente por grupos de professores ou por todo o corpo docente de uma determinada instituição escolar.

O COORDENADOR PEDAGÓGICO

Garrido (2007), Fusari (1997, 2007), Christov (2001, 2005), Libâneo (2003) têm apontado a coordenação da formação contínua em serviço como um dos aspectos fundamentais do trabalho do coordenador pedagógico. Registram também a natureza complexa desse tipo de intervenção no espaço escolar em que as concepções de educação são diversas. Nesse sentido, o trabalho ganha significado se tem seu foco na compreensão da realidade escolar e seus desafios, ao se somarem esforços na construção de um sentido coletivo das ações pedagógicas em que sejam consideradas alternativas que se mostrem adequadas aos desafios enfrentados pelos professores.

Esses mesmos autores também apontam o perigo de a formação na escola ficar restrita a esse território e, apenas, sob o olhar do coordenador pedagógico, pois entendem que é benéfico e relevante os educadores (professores e o próprio coordenador) terem suas práticas problematizadas em outros espaços, assim como trocarem experiências com outros profissionais que encontraram soluções pedagógicas diferentes para problemas comuns nas escolas.

Na última década, principalmente, observou-se que o discurso da escola como *locus* de formação docente rompeu as esferas acadêmicas e tem sido incorporado pelas políticas públicas que, via de regra, apostam nesse modelo de formação como aquele capaz de promover o desenvolvimento profissional docente na direção das políticas educacionais propostas pelos gestores dos sistemas de ensino, além de oportunizar a economia de gastos decorrentes da formação contínua promovida por meio de cursos fora da escola.

Nessa perspectiva, alguns estados e municípios têm se organizado para criar as condições para que as escolas desenvolvam a formação. O estado de São Paulo consolidou essa ideia com a conquista do Horário de Trabalho Pedagógico (HTP), no final da década de 1980, e da figura do professor-coordenador que foi criada na mesma época.[2] O município de São Paulo criou o cargo de coordenador

---

2. Vale ressaltar que anterior a esse momento, as escolas estaduais contaram com a presença do coordenador pedagógico, porém, não havia a conjunção entre o exercício da

pedagógico em 1985 e estabeleceu a Jornada de Tempo Integral (JTI) em 1992.

As políticas educacionais paulistas ilustram bem a ideia de que a formação contínua na escola exige tempo para o desenvolvimento de um programa de formação e a presença de um profissional que a articule.

Os teóricos Canário (1997), Nóvoa (1992, 2002) e Marcelo Garcia (1999), ao enfatizarem a escola como *locus* de formação, reafirmam a busca pela superação da dicotomia entre teoria e prática que durante muito tempo separou — e ainda separa — os pesquisadores daqueles que exercem a docência. Para Fusari (1997, p. 167), em uma formação assim organizada, "[...] a escola teria, a partir do diagnóstico de suas necessidades, vários e diferentes projetos em andamento [...]", que, por estarem localizados na escola, considerariam o percurso biográfico de seus profissionais, o exercício do trabalho e a necessidade de reflexão sobre a ação profissional como fatores decisivos ao processo de produção da profissionalidade docente.

> Nesta perspectiva, a produção (e a mudança) das práticas profissionais remete, fundamentalmente, para o processo de socialização profissional, vivido nos contextos de trabalho, onde coincidem, no espaço e no tempo, uma dinâmica formativa e um processo de construção identitária (Canário, 1997, p. 2).

Para Canário (1997), aspectos como a troca de experiência ou, como por ele denominado, a socialização profissional, passíveis de serem desenvolvidos nos espaços coletivos da escola, fazem coincidir, nesse espaço/tempo de formação contínua, a prática docente e a reflexão sobre a prática, tornando-o especialíssimo para o desenvolvimento profissional docente.

---

coordenação e a jornada dos professores. Também, a presença desse profissional, nesse primeiro momento, não estava explicitamente associada à formação do professor, salvo raras exceções como as desenvolvidas no antigo Colégio Experimental da Lapa, conforme relato de Salvador (2000).

Esse aspecto da formação orienta, necessariamente, essa reflexão para a singularidade dos espaços escolares. Nenhuma escola é igual à outra, assim como é única cada turma na escola. Por isso, as trocas de experiências tornam-se tão singulares e particulares como cada espaço educativo.

A formação desenvolvida no espaço escolar corrobora a ideia de que os professores são capazes de decidir coletivamente sobre o que querem aprender para alcançar os conhecimentos e as competências que consideram necessárias para o seu desenvolvimento profissional. Marcelo Garcia (1999, p. 150) salienta que tal postura é:

> [...] coerente com os princípios de formação de adultos, na medida em que os adultos aprendem de forma mais adequada quando são eles que indicam e planejam as atividades de desenvolvimento profissional.

Fusari (1997) acrescenta que o desenvolvimento profissional docente pressupõe condições subjetivas e objetivas de trabalho:

> A formação contínua na escola e fora dela depende, como dissemos, das condições de trabalho oferecidas aos educadores, mas depende também das atitudes destes diante de seu desenvolvimento profissional [...]. Cada educador é responsável por seu processo de desenvolvimento profissional; cabe a ele o direcionamento, o discernimento e a decisão de que caminhos percorrer (Fusari, 1997, p. 171).

Nesse sentido, a formação do docente na escola, longe de ser apenas um deslocamento do espaço formativo, é, antes de tudo, uma possibilidade de ação com vistas a uma nova concepção de formação contínua do docente, produto de uma construção histórica, da complexa dinâmica da escola objetivada, das relações estabelecidas pelos sujeitos envolvidos nesse processo e das condições oferecidas.

Nóvoa (2002) destaca a imprevisibilidade do que acontece na escola como um dos aspectos a serem considerados na formulação de processos de desenvolvimento profissional centrados nesse espaço. Ademais, entende que o professor precisa rejeitar a posição de técnico e assumir-se como profissional crítico-reflexivo.

> A formação contínua deve contribuir para mudança educacional e para a redefinição da profissão docente. Neste sentido, o espaço pertinente da formação contínua já não é o professor isolado, mas sim o professor inserido num corpo profissional e numa organização escolar (Nóvoa, 2002, p. 38).

A organização da escola, para dar conta da formação, pressupõe professores envolvidos com um processo de "autoformação", que é configurado nas trocas de experiências qualificadas, ou seja, na socialização crítica, com outros profissionais, das experiências docentes, mediada pelo coordenador pedagógico, assumindo, como diz Nóvoa (2002, p. 39), o papel ora de formador, quando relata, ora de formando, quando na condição de ouvinte. Para o autor, a partilha dos conhecimentos profissionais é o "[...] processo que pode conduzir a uma produção pelos próprios professores de saberes reflexivos e pertinentes".

Nessa perspectiva, o processo formativo do docente no espaço escolar não pode ser concebido, pelas políticas públicas, como um treino, em que os momentos coletivos se transformem numa condição para transmitir conhecimentos ou treinar o profissional que deverá reproduzir as experiências aprendidas no exercício da docência. Este modelo de formação não leva em conta as demandas reais da instituição de ensino, pois atua sempre de forma genérica.

A formação contínua na escola deve estar orientada por um paradigma apoiado no trabalho coletivo, na investigação, pelos professores, da prática pedagógica, e na cooperação dos educadores em prol do desenvolvimento profissional e da melhoria da educação oferecida aos discentes. Esses moldes implicam a organização de uma estrutura que pode ser caracterizada, de maneira mínima, por quatro aspectos: 1) a organização do tempo/espaço na escola para desenvolver esse processo de formação; 2) a aproximação com as necessidades formativas da escola; 3) a corresponsabilidade dos professores pelo seu desenvolvimento profissional; 4) o investimento num profissional (coordenador pedagógico) habilitado para promover a reflexão para além de uma socialização profissional que se caracterize pela mera troca de "receitas de atividades".

Aos dados da pesquisa, somam-se as falas dos autores que referendam a ideia da escola e da formação vistas de maneira conjugada. A coordenadora Maria Vitória, quando questionada sobre a contribuição do seu trabalho para a organização do coletivo escolar, faz a seguinte análise:

> Eu acho que a maior contribuição é a organização dos processos de formação. [...] Se o coordenador não cuidar disso, ninguém mais vai cuidar. Isto é o prioritário, porque está junto do pedagógico. Se o professor não tem formação, o processo pedagógico fica estagnado, pois ele tem que estar sempre discutindo e aprendendo, não só por meio das práticas, mas também pelo conhecimento teórico.

As considerações das outras coordenadoras entrevistadas somam-se ao depoimento da coordenadora Maria Vitória e revelam uma ênfase no modelo formativo centrado no espaço escolar, cuja articulação foi descrita como a atribuição principal do trabalho da coordenação pedagógica, ou seja, dar apoio, sustento organizacional e pedagógico aos professores, de modo a favorecer o desenvolvimento profissional docente e, consequentemente, a melhoria da aprendizagem dos alunos.

2. O projeto político-pedagógico (PPP): orientador do trabalho de formação docente

A proposta de formação do docente na escola não é uma ação descolada de uma estrutura organizativa, de um compromisso com os alunos e com a comunidade, de intenções formativas e do trabalho coletivo. Ou seja, tal proposta deve estar inserida no projeto político-

-pedagógico da escola, configurado como um plano de formação docente que, associado às demandas educativas da escola, promova o desenvolvimento do trabalho pedagógico, o desenvolvimento profissional docente e a construção de uma escola voltada para uma educação de qualidade para todos.

Nessa estrutura, deve haver uma ligação intrínseca entre as demandas escolares e a formação docente, que tende a caracterizar-se pelo paradoxo marcado pela aproximação da prática docente e do currículo escolar e, ao mesmo tempo, pelo afastamento que possibilita o exercício da reflexão sobre a teoria e a prática, para a ressignificação da profissionalidade docente. Segundo Fusari e Franco (2005, p. 24), a formação docente em serviço, expressa no projeto político-pedagógico, configura-se por reconhecer:

> [...] os saberes que (os professores) produzem no exercício da profissão docente, suas possíveis contribuições para o desenvolvimento institucional, suas diferentes necessidades formativas, as reais condições de trabalho e os desejos educacionais que ali existem.

A formação contínua centrada na escola possibilita que se tomem elementos da experiência do docente e das necessidades da história da escola local como referência para a reflexão, caracterizada pela diversidade de propostas formativas ancoradas na multiplicidade de escolas existentes. Para Libâneo (2003, p. 29), existe uma relação entre o desenvolvimento profissional do docente e a organização do projeto de escola:

> O desenvolvimento profissional e a conquista da identidade profissional dependem de uma união entre pedagogos especialistas e os professores, assumindo juntos a gestão do cotidiano da escola, articulando num todo o projeto pedagógico da escola, o sistema de gestão, o processo de ensino-aprendizagem, a avaliação. Fazendo assim ter-se-á uma organização preocupada com a formação continuada, com a discussão conjunta dos problemas da escola, discussão que é de natureza organizacional, mas principalmente pedagógica e didática.

Esta organização defendida por Libâneo (2003) e configurada no projeto político-pedagógico das escolas, consolida a cultura da escola identificando-a, organizando-a e legitimando-a por meio de princípios pedagógicos, éticos e políticos que, quando bem definidos, tornam-se finalmente ações educativas (Pinto, 2006).

Uma escola cujo projeto educativo considera a "educação para todos" como finalidade, estendendo essa expressão para além do acesso e da permanência, precisa pensar no contexto em que a comunidade está inserida e propor formas de promover o acesso e o domínio do conhecimento por ela veiculado.

A cultura que se projeta em todas as instâncias da escola é uma condicionante do projeto político-pedagógico, pois os elementos da cultura da escola acabam por tomar forma no plano de trabalho da unidade — o PPP — que explicita a concepção que orienta as ações que o viabiliza, configurando-se, segundo Libâneo (2003, p. 85),

> [...] no tipo de reuniões, nas normas disciplinares, na relação dos professores com os alunos na aula, na cantina, nos corredores, na confecção dos alimentos e distribuição da merenda, nas formas de tratamento com os pais, na metodologia de aula etc. Vem daí uma constatação muito importante: *a escola tem uma cultura própria que permite entender tudo o que acontece nela, mas essa cultura pode ser modificada pelas próprias pessoas, ela pode ser discutida, avaliada, planejada, num rumo que responda aos propósitos da direção, da coordenação pedagógica, do corpo docente.* É isto que justifica a formulação conjunta do projeto pedagógico-curricular [...]. A cultura organizacional é elemento condicionante do projeto pedagógico-curricular, mas este também é instituidor de uma cultura organizacional (grifo do autor).

Assim, o projeto político-pedagógico considera em sua estrutura aspectos locais e específicos, sem abandonar as configurações mais globais (dos conhecimentos construídos, de experiências externas, da situação social e política que move a sociedade), que também condicionam a realidade local.

O Quadro 2, organizado a partir dos depoimentos das coordenadoras, indica os aspectos evidenciados à menção do projeto político-pedagógico da escola. Foram identificadas quatro categorias que são ilustradas com alguns trechos das declarações dessas profissionais.

Quadro 2 O projeto político-pedagógico como referência para a formação centrada na escola

A cultura escolar local	"O interessante é que eu conhecia a escola pela fama do diretor, mas os projetos eu só vim a conhecer aqui. Eu não conhecia muito esse discurso de que aqui era uma escola de projetos, fiquei sabendo logo que entrei. Na prática, era mais discurso, o chavão da escola de projetos" (Coord. Maria Vitória). "A cultura da escola também passa pela experiência das pessoas, o jeito de cada escola. Quando a gente fala de cultura escolar, não dá para generalizar" (Coord. Maria Vitória). "Uma questão forte é a das relações, que em alguns momentos estão mais estabelecidas. Todos sabem que é uma escola em que as dificuldades serão discutidas coletivamente, que as pessoas serão tratadas abertamente, sem imposição, mas com negociação [...]. A forma como as coisas acontecem caracteriza bem a escola, nós estamos sempre envolvendo os pais. No conselho de escola, o presidente é um pai [...] o que caracteriza mesmo a escola é a participação da comunidade, as relações democráticas e os projetos" (Coord. Maria Stella). "No segundo período, tem uma questão que eu considero terrível na escola pública que é o individualismo, que não considera o todo, e a gente tem que quebrar com isso" (Coord. Maria Augusta).
O currículo escolar	"Hoje se fala em formar o cidadão, mas não há aulas que ensinem justiça e solidariedade. Na prática, isso é difícil de conseguir na escola. Nós tentamos, há o projeto pedagógico que enfoca a formação do cidadão, nós queremos formar o aluno com valores, que seja solidário, justo, que seja leitor. Então, temos que construir um trabalho em que todos enfoquem isso, para que percebam que nessa escola se trabalha a formação do cidadão" (Coord. Maria Vitória). "Nós trabalhamos muitos anos com datas comemorativas, só que quando começamos a estudar percebemos as necessidades das crianças, nas concepções de infância essas datas não são importante. [...] Então, nós conversamos e concordamos que trabalharíamos algumas datas que estão na mídia, que não dá para fugir, como a páscoa, o dia das mães, o dia dos pais, a festa junina e o natal. Estas opções estão relacionadas a um trabalho pedagógico" (Coord. Maria Leda). "Como havia três ciclos, fomos desmembrando a questão da cidadania como temáticas para cada ciclo e foi uma coisa muito legal porque no ciclo I a escolha foi 'Leitura e escrita como direito', isso foi de uma felicidade incrível, porque quando começamos a discutir com os professores, eles foram entendendo que a questão do ensino da leitura e da escrita não é só a decodificação, é uma questão de cidadania mesmo" (Coord. Maria Augusta).

O uso do horário coletivo	"[...] na prefeitura nós ainda temos a vantagem do horário coletivo e esse horário nos permite fazer muita coisa, encaminhar trabalhos, fazer discussões. Tem dia que você sai da JEIF meio frustrada, mas tem dia que você sai com a sensação de plenitude. Eu acho que o coordenador por ter um trabalho coletivo, junto com professores, e esse ser um momento em que as pessoas possam colocar-se, dificilmente se sai do jeito que entrou, principalmente nos dias de coletivo" (Coord. Maria Vitória). "No espaço público, o que nós temos são os horários coletivos e as reuniões pedagógicas. Aqui na escola o espaço de formação é para discussão, para refletir, para conversar sobre os problemas e dificuldades. Nos horários coletivos e nas reuniões pedagógicas, normalmente, escolhemos um tema, em que o grupo tenha dificuldade, para discutir, para conversar [...]" (Coord. Maria Leda). "Não dá para engessar o horário coletivo, desse jeito. Os programas de governo quem coordena é a outra coordenadora que fica no segundo período" (Coord. Maria Augusta).
Autonomia dos projetos	"O nosso objetivo era possibilitar que cada grupo de JEIF pensasse sobre o projeto de formação, o tema seria comum. Isso facilitou. Todo mundo sabia que o problema era alfabetização" (Coord. Maria Vitória). "A autonomia que temos é relativa, porque dependendo do que for proposto, pode não ser aprovado [...]" (Coord. Maria Stella). "Quando começamos como coordenadoras, era o grupo quem elaborava os projetos e nós íamos tentando, dentro dos grupos, organizar as informações com os professores, as expectativas e as necessidades, construindo o projeto junto com eles. Até o ano passado nós formos seguindo essa linha e aperfeiçoando. Esse ano veio o programa do ler e escrever [...]" (Coord. Maria Stella). "Na verdade, nós organizamos os projetos de formação nos grupos, eu acho que o projeto da escola ajuda a resolver as demandas da escola, quer seja de organização ou das dificuldades no trabalho com o aluno. A dificuldade é que a formação do professor é muito variada. [...] Um está num nível, outro está em outro. É difícil a gente lidar com toda essas diferenças" (Coord. Maria Leda). "Começamos o projeto na gestão do prefeito Pitta, é uma coisa de autonomia da escola. Nós tínhamos o dinheiro e escrevemos o projeto, sentimos que existe um certo orgulho por parte da supervisão e da coordenadoria pelo fato de termos esse projeto. Com a publicação da revista, ele sai da escola, ele vai ganhando adesão e simpatia das pessoas e vai sendo muito elogiado" (Coord. Maria Augusta).

Fonte: Elaborado a partir das entrevistas com as coordenadoras.

No Quadro 2, as coordenadoras fazem algumas considerações sobre aspectos relativos ao projeto político-pedagógico que possibilitam estabelecer relações entre a configuração desse documento e o trabalho do coordenador na formação contínua do docente. Além disso, destacaram como a cultura da escola influi no modo de articular a formação desenvolvida nesse espaço.

Uma escola democrática ou com projetos inclusivos, sociais ou, especificamente, relativos aos alunos com deficiência, vai exigir do coordenador articulações diferentes, a começar por um contrato didático que contemple essas ou outras diferenças. Seja qual for o aspecto contemplado, a proposta de formação precisa envolver os professores num ambiente colaborativo e sem licenciosidade. Na verdade, as peculiaridades que caracterizam as diferentes escolas estão relacionadas à história de cada uma delas e das pessoas que por elas passaram, dando-lhes uma "fisionomia" que pode ser agradável ou não. Segundo Santos (2004, p. 1151), "Também é importante considerar que mudanças na formação docente têm como limite os próprios interesses e valores que orientam os docentes e que presidem a cultura das escolas".

Mas existem fatores, tais como o individualismo e a falta de compromisso, que são, por vezes, identificados como um traço da cultura de determinadas escolas. Nesses casos, o trabalho da equipe e os projetos de formação podem ser elementos que favoreçam o comprometimento de todos com o projeto da escola.

O currículo de uma escola também influi na formação, pois nem sempre o que os professores professam em nível conceitual é observado na prática. Assim, trabalhar com o currículo desenvolvido, ou com o currículo oculto, pode contribuir para desvelar a realidade local.

O projeto de formação dos professores deveria compor o projeto político-pedagógico de cada escola. Nele fica explicitada a organização escolar em relação ao uso que se dá aos horários coletivos, à Jornada Especial Integral de Formação (JEIF).

Ocupar os espaços de autonomia, ainda que de modo relativo, significa apostar na concepção de que a escola pode resolver seus problemas, por meio de parcerias entre os envolvidos, cabendo ao sistema dar condições para que as ações se concretizem, avaliando as diversas possibilidades formativas e seus resultados junto aos alunos.

O COORDENADOR PEDAGÓGICO

Portanto, falar em autonomia do projeto político-pedagógico é considerar a escola como uma instituição pública, gerida por um sistema legal e burocrático. Dessa forma, o espaço de autonomia passa a ser aquele desenvolvido nas brechas legais e pela capacidade de crítica da equipe escolar, em relação aos projetos prontos.

Planejar a ação pedagógica é um passo para consolidar o plano de trabalho da escola que pode adquirir os contornos da cultura da escola. No entanto, ainda assim, se configurará num documento-ação, sujeito a alterações circunstanciais, fruto das decisões democráticas, do aprimoramento dos processos de organização da escola e das determinações legais que retratam as mudanças de concepções, como as apontadas na LDB, Lei n. 9.394/96.

Conceber um projeto educativo local é impor certo grau de autonomia, é revelar singularidades, é desvelar a identidade da escola e seu compromisso pedagógico sem depender da tutela dos órgãos centrais. A atual LDB, Lei n. 9394/96, possibilitou pensar de forma "genérica" em autonomia progressiva da escola, em projeto político--pedagógico local e na formação contínua do docente, conceitos estes que foram generalizados em todo território nacional.

Nóvoa (2002, p. 38), referindo-se à formação centrada na escola, defende que ela está alicerçada em dois pilares estratégicos, a pessoa-professor e a organização-escola, o que a condiciona a um espaço coletivo, ou seja, "[...] um professor inserido num corpo profissional e numa organização escolar...", que está articulado com o projeto educativo da instituição. Para o autor:

> A escolha dos modelos de formação contínua deve ter em conta a valorização das "formações informais", desde os processos de autoformação até o investimento educativo das situações profissionais, e a articulação com os projectos educativos da escola, no quadro de uma autonomia do estabelecimento de ensino (Nóvoa, 2002, p. 38).

As coordenadoras pedagógicas afirmaram a importância de os projetos de formação estarem imbricados com o projeto político-pedagógico da escola, pois ambos são construções coletivas dos sujeitos que coexistem neste espaço. No Quadro 2, é possível observar nos depoimentos o imbricamento entre o projeto político-pedagógico da escola e o projeto de formação, principalmente quando discutem o currículo escolar. Para a coordenadora Maria Augusta, as discussões nos horários coletivos de formação deram aos professores, por exemplo, o entendimento de que a aprendizagem da leitura e da escrita é um direito das crianças e não apenas uma questão de decodificação.

No entanto, a vivência dessa coordenadora não pode ser generalizada, este não é, para a maioria delas, um processo autônomo. Como já foi afirmado, ele vai sendo cerceado pela legislação, pelo projeto político da administração pública e por outros condicionantes, ligados à concepção de gestão do diretor e da equipe técnica, pelo envolvimento coletivo da equipe escolar etc. Essa situação faz com que a coordenadora Maria Stella defina a autonomia da escola como parcial ou relativa. O que seria então uma autonomia relativa?

Uma possibilidade é compreender a autonomia relativa como flexível, possível e atingível, pois o limite dessa relatividade normalmente não está definido. Então, ainda que existam condicionantes para a elaboração dos projetos da unidade educativa, para que os projetos sejam legítimos, devem estar alicerçados no interesse comum. Assim, viver juntos num espaço público e político, como cidadãos, significa usar a "relativa autonomia" em favor da vontade e da necessidade da coletividade.

Neste aspecto, reconhecer a autonomia relativa da escola é conhecer seus limites e possibilidades, é trabalhar em prol de um projeto pedagógico coletivo que beneficie a comunidade atendida. Conforme o depoimento da coordenadora Maria Augusta, expresso no Quadro 2, é a consciência de uma necessidade coletiva que move a construção de um projeto de formação envolvendo toda a comunidade escolar, direcionado para o domínio da leitura e da escrita e inserido na conquista da cidadania. Esta última é maior que a formação específica, embora não a descarte, e constitui-se na base do projeto político-pedagógico de cada escola.

O COORDENADOR PEDAGÓGICO

Um projeto de escola bem definido inibe cerceamentos externos, é uma construção coletiva, que pressupõe certo acordo interno, o que não significa ausência de oposição para se atingir os objetivos que justificam as ações da comunidade educativa.

Do ponto de vista legal, as unidades educativas estão amparadas para, com suas peculiaridades de modalidade de ensino e de sistema educacional, pensarem objetivamente o seu projeto político-pedagógico e, entre suas muitas facetas, o desenvolvimento de seus profissionais.

No que tange, especificamente, ao Título IV da LDB — Da organização da educação nacional — no seu artigo 12, que enfoca as incumbências dos estabelecimentos de ensino, vale ressaltar que os incisos I, II e IV destacam a responsabilidade das escolas por elaborarem e executarem sua proposta pedagógica, administrarem seu pessoal e velarem pelo cumprimento do plano de trabalho de cada docente. Tais determinações reafirmam a autonomia pedagógica e um projeto de formação contínua focado nas necessidades de cada escola, nas diretrizes do projeto político-pedagógico. O artigo 15 deste mesmo Título determina:

Os sistemas de ensino assegurarão às unidades escolares públicas de educação básica que os integram progressivos graus de autonomia pedagógica e administrativa e de gestão financeira [...].

Com respeito ao desenvolvimento profissional dos docentes, o Título VI da LDB — Dos profissionais da educação — no artigo 61, aponta que:

A formação de profissionais da educação, de modo a atender aos objetivos dos diferentes níveis e modalidades de ensino e às características de cada fase do desenvolvimento do educando, terá como fundamentos: a associação entre teorias e práticas, *inclusive mediante a capacitação em serviço* (grifo nosso).

No artigo 67, os sistemas de ensino são conclamados a *promover e assegurar* a valorização dos profissionais de Educação, inclusive por meio de: "Aperfeiçoamento profissional continuado, inclusive com licenciamento periódico remunerado para esse fim" (inciso II); e "[...] período reservado a estudos, planejamento e avaliação, incluído na carga horária de trabalho" (inciso V).

A legislação educacional em vigor é um dos aspectos instituídos que precisa ser considerado na elaboração do projeto da escola, mas esse aspecto não descarta as características da própria cultura escolar como instituinte de metas, objetivos, modos de agir, hábitos e valores na instituição escolar. Essa situação exige uma escola que considera esses fatores na elaboração de seus projetos, portanto, uma escola que reflita sobre suas próprias concepções. Alarcão (2001, p. 15), ao definir uma escola reflexiva, afirma que:

> [...] a escola que se pensa e que se avalia em seu projeto educativo é uma organização aprendente que qualifica não apenas os que nela estudam, mas também os que nela ensinam ou apoiam esses e aqueles.

Aos sistemas de ensino federal, estadual e municipal cabem organizar, segundo determinação legal, os espaços/tempos para que a formação aconteça, mas isso não descarta as interpretações, os equívocos e as formas predeterminadas para atingi-la. O texto legal não assegura políticas públicas que, efetivamente, garantam tais processos.

O projeto político-pedagógico que se caracteriza como carta das intenções pedagógicas da escola, construído coletivamente para assegurar a autonomia da escola, pode propor formas de aprimoramento do trabalho desenvolvido pelos docentes, por meio de programas de formação contínua. Canário (2006, p. 75) corrobora essas ideias:

> A construção da autonomia dos estabelecimentos de ensino supõe uma capacidade autônoma de mudança que não é compatível com processos de controle remoto das escolas e dos professores, a partir da administração central. A formação "centrada na escola" é um das facetas de uma nova visão do estabelecimento de ensino, no qual ele é, simultaneamente, uma unidade estratégica de mudança e a unidade central de gestão do sistema. O projeto educativo da escola constitui o instru-

mento essencial de uma gestão estratégica do estabelecimento de ensino, cujas construção e avaliação, nas suas diferentes formas, configura-se como o eixo fundamental de um processo de formação contínua dos professores. É, portanto, em um plano mais global, balizado pelo projeto educativo da escola, que o plano de formação deve ser pensado.

Quando falamos em autonomia da escola, não estamos falando de "soberania" da escola. A própria LDB trata de criar vínculos entre os sistemas de ensino e as determinações do plano de educação nacional, que nada mais é do que um plano político de trabalho.

O paradoxo é que a escola brasileira, que ainda sofre em decorrência de condições precárias, também é um lugar de formação para os educadores que lá atuam e que podem, de acordo com as condições dadas, realizar o exercício de repensá-la e de reavaliá-la para, dessa forma, buscar responder às necessidades da população que a ela tem acesso.

A organização da escola revela as opções ideológicas assumidas pelo coletivo escolar e comunica a cultura da escola. Assim, questões como trabalho coletivo, articulação da escola com a sua realidade local, organização didático-pedagógica, horário de funcionamento e tempo dedicado aos projetos de formação dos professores são estruturadas a partir de uma luta política por condições ideais de trabalho pedagógico.

A educação escolar tem por base um projeto de intenções que ganha forma nos planos de trabalho de professores, coordenadores, diretores etc. Esses planos fazem parte de um processo de planejamento que é retomado e avaliado de tempos em tempos. O projeto de trabalho do coordenador pedagógico, assim como o próprio projeto de formação da escola, fazem parte desse grande plano de intenções. O projeto político-pedagógico organiza e sistematiza todas as ações educativas da unidade escolar, inclusive a atuação formativa dos coordenadores pedagógicos que, ao gerir a formação, desenvolvem um plano de trabalho flexível e acordado com os professores em formação, pois considera as necessidades educativas dos alunos e dos professores numa temporalidade real.

No entanto, não basta arrolar nesse documento o levantamento das necessidades formativas da comunidade escolar — alunos, professores e demais funcionários —, nem mesmo ter um profissional responsável para que ele ocorra. Para isso, são necessárias, também, algumas condições: previsão de tempo remunerado para estudo, uma liderança pedagógica para colocá-lo em prática, lugar para que os professores e/ou funcionários se reúnam, material para a reflexão, livros, DVDs, acesso à internet, palestras e outras que vão surgindo, dependendo do projeto formativo proposto pela escola:

> O projeto tem que ser claro e refletir bem os caminhos da escola. Então, antes de escrever o projeto nós selecionamos as questões com os professores, fazemos as discussões, os levantamentos de prioridades e a organização do que vai acontecer [...]. Optamos por discutir primeiro e posteriormente elaborarmos o projeto. Ele tem que refletir, de fato, as necessidades da escola (Coord. Maria Stella).

Assim, o projeto da escola norteia o seu trabalho e a sua flexibilidade garante a incorporação de novas demandas durante o ano letivo, o que possibilita mudanças, até mesmo na formação proposta. Essas mudanças podem vir orientadas pelo sistema, na definição de sua organização e execução.

A formação proposta no ambiente de trabalho não pode ser determinada nem pelo coordenador pedagógico nem pelo sistema, mas caracterizar-se como produto do processo reflexivo dos atores envolvidos. Cabe, assim, ao projeto político-pedagógico organizar as atividades educativas promovidas pela escola, no qual os planos de ensino, os planos de trabalho de seus profissionais e de formação devem estar inseridos. A formação, sendo contemplada no projeto da escola, torna-se a expressão da concepção e das decisões coletivas. Essa conjuntura possibilita ao coordenador pedagógico a busca das condições e dos conhecimentos para desenvolver o plano de formação construído a partir das necessidades apontadas pelo projeto educativo da escola.

3. Política pública e formação dos professores na escola — o caso do município de São Paulo

Enquanto o conceito de projeto político-pedagógico tem um sentido de abrangência nacional, "a concretização do processo de planejamento" (Libâneo, 2003, p. 125), ou seja, o plano que organiza as atividades da escola, o Projeto Especial de Ação (PEA) está associado a um conceito local, constituindo-se como um braço desse projeto mais abrangente, configurando as intenções formativas da escola, estabelecendo a justificativa, os objetivos e os resultados a serem alcançados no processo de formação.

Na rede municipal de ensino de São Paulo, o PEA dá sentido à atual Jornada Especial Integral de Formação (JEIF), pois se configura no documento-síntese das intenções formativas de determinado grupo de profissionais, em um tempo (histórico) e em um espaço (geográfico) específicos.

Os depoimentos das coordenadoras e dos professores envolvidos nos autorizam a elaborar o organograma a seguir (Figura 2). Segundo os educadores envolvidos diretamente nos processos de formação na escola, como articuladores e participantes, o PEA é um instrumento de organização da formação, que é marcado pela própria história da rede municipal de ensino de São Paulo.

Sua organização pressupõe um movimento circular e contínuo, que parte da necessidade da escola, elencada por seus profissionais; agrega os saberes docentes, pois são os definidores das necessidades a partir de suas experiências; estuda a prática pedagógica, os saberes e fazeres dos educadores envolvidos; considera uma ou várias concepções de ensino-aprendizagem; trabalha em função da pesquisa e da reflexão com avaliações periódicas, sendo que a formação contínua, *stricto sensu*, ainda que organizada na forma de projeto, ocorre em diversos momentos dessa dinâmica.

A Figura 2, elaborada a partir de alguns destaques dados pelas coordenadoras pedagógicas entrevistadas e por pesquisadores sobre aspectos a serem considerados na formação contínua na escola, agrega elementos da compreensão tanto de um como de outro profissional posicionados de formas diametralmente opostas, mas não em oposição uns aos outros.

Figura 2
Aspectos constitutivos da formação centrada na escola

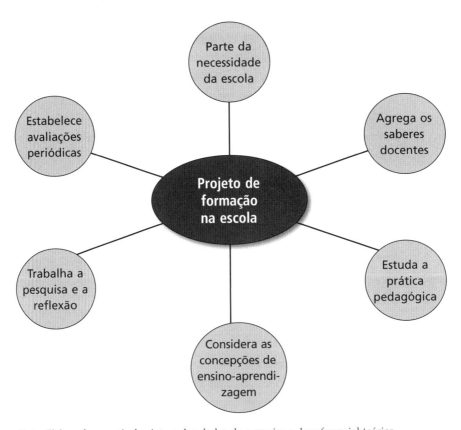

Fonte: Elaborada a partir da síntese dos dados da pesquisa e do referencial teórico.

A tendência, conforme se observa na Figura 2, é considerar a formação na escola como um processo circular que parte das necessidades da organização-escola, portanto, de uma dimensão institucional e coletiva considera a dimensão pessoal das experiências incorporadas na atividade docente (os saberes docentes) e objetiva a transformação na dimensão profissional, pela reflexão teórica e técnica sobre a prática educativa — e que, por fim, reapresenta o fechamento do círculo e a avaliação de novas necessidades.

Tais aspectos se articulam de várias formas, não obedecendo a uma sequência específica, mas todos os fatores estão agregados ao projeto de formação da instituição escolar.

Esses fatores foram apresentados pelos professores, nos grupos dialogais,[3] a partir de uma provocação hipotética relacionada à extinção da Jornada Especial Integral de Formação (JEIF). A proposta era que os professores, coletivamente, elencassem argumentos para a coordenadora pedagógica defender a permanência da JEIF em instâncias superiores. O resultado desta dinâmica foram argumentos pautados na ideia e existência de um "PEA" de formação.

Grupo I   A jornada favorece a interação entre os docentes de diversas áreas, proporcionando projetos como a interdisciplinaridade, a aquisição de conhecimentos, o apoio mútuo entre os professores, criando um "clima de segurança profissional" e oferece a oportunidade de formação continuada.

Grupo II   A jornada possibilita momentos para reflexão acerca de situações vivenciadas na educação, de trocas de experiências entre os pares, de preparação de aulas, para estudos, de elaboração de projetos coletivos, de atualização profissional, de integração entre os grupos e a equipe técnica, o que contribui para o enriquecimento das aulas e para a socialização de práticas pedagógicas.

---

3. A ideia do Grupo Dialogal foi desenvolvida a partir da concepção do grupo de opinião, principalmente, pela oportunidade de os participantes dialogarem, discutirem, trazerem à tona fatores críticos. A diferenciação entre os dois grupos se dá pela inserção ativa da pesquisadora no grupo, propondo a pauta de discussão e questionando as respostas dadas. Para maiores detalhes, consultar Domingues (2006).

Grupo III A jornada proporciona momentos: de reflexão e estudo sobre a prática pedagógica e sobre a teoria que a embasa, de troca de experiências entre os educadores a fim de responder ao PEA construído a partir do diagnóstico de problemas na escola.

Grupo IV Este espaço garante estudos teóricos, troca de experiências entre os professores, reflexão em relação à prática cotidiana, além de planejamentos de ações coletivas e individuais, diagnósticos dos alunos e consequentes ações, e colabora com a formação do grupo e a melhora da prática em sala de aula.

Em todas essas "argumentações", a formação contínua torna-se uma justificativa para a existência dessa jornada (JEIF), implicando a elaboração de projetos formativos para esse horário, vinculados ao diagnóstico das dificuldades pedagógicas da escola. Os grupos apontaram em suas sínteses a necessidade de um projeto formativo vinculado à prática docente, visando à sua melhoria, ou seja, à aprendizagem dos alunos.

Os professores ressaltaram, em síntese, que a JEIF possibilita a formação contínua, ou seja, reflexão sobre situações vivenciadas, estudos, elaboração de projetos, socialização de práticas, troca de experiências, planejamento de ações coletivas e diagnósticos; todos esses aspectos comunicam uma organização de trabalho em que professores e coordenadores têm papéis complementares, mas não dicotomizados.

A ideia de um PEA nasceu logo depois da institucionalização da antiga JTI (Jornada de Tempo Integral), em 1992, que passou a ser denominada JEI (Jornada Especial Integral) em 1993. Naquele tempo, a sigla PEA significava Projeto Estratégico de Ação e estava atrelada ao envolvimento de toda a comunidade educativa na resolução de um problema pedagógico, identificado pela equipe escolar. Posteriormente, passou a ser tutorado por Portarias que o caracterizavam e o restringiam.

A primeira Portaria do PEA, de n. 2.083, foi publicada em abril de 1994 e regulava a organização do projeto, até então, Projeto Estra-

O COORDENADOR PEDAGÓGICO

tégico de Ação, orientando o estudo da realidade local e caracterizando as possibilidades de projetos a serem desenvolvidos no horário coletivo, cujo foco estivesse na resolução dos problemas que dificultassem o trabalho pedagógico na escola.

A segunda Portaria de n. 3.826, de julho de 1997, modifica o nome para Projeto Especial de Ação, mantendo a sigla, subordinando-o ao projeto político-pedagógico da escola e indicando algumas modalidades de PEAs, quais sejam, de formação e aperfeiçoamento profissional, de avaliação diagnóstica, de orientação educacional e pré-profissionalizante, de ações com a comunidade.

A terceira Portaria de n. 1.654, de março 2004, determina duas modalidades de PEAs subdivididas em eixos de ações curriculares sistematizadas:

I — Formação Permanente da comunidade educativa, nos eixos:
a) aprofundamento da visão do currículo como construção sociocultural e histórica;
b) diversidade cultural, etnorracial, de gênero e de sexualidade;
c) cultura da infância, do adolescente, do jovem e do adulto;
d) leitura de mundo, alfabetização, letramento;
e) organização da escola em ciclos e a reestruturação dos tempos e espaços das unidades escolares;
f) paz e justiça social: direitos humanos, ética e cidadania;
g) educação para o meio ambiente;
h) avaliação.

II — Gestão democrática:
a) o protagonismo infantojuvenil;
b) o fortalecimento dos grêmios estudantis;
c) o fortalecimento dos Conselhos de escola;
d) a participação efetiva de diferentes segmentos da comunidade educativa.

A quarta Portaria, de n. 654, de fevereiro 2006, determina como ações de formação:

I — a tematização das práticas desenvolvidas em diferentes espaços educativos;

II — a articulação das diferentes atividades e/ou projetos/programas com as diversas instituições e conselho de escola que integram o Projeto Pedagógico;

III — a implementação dos Projetos e Programas específicos da Secretaria de Educação como: Programa "Ler e escrever — prioridade na escola municipal", Programa "São Paulo é uma escola" e outros.

A quinta Portaria, de n. 4.057, de outubro de 2006, traz duas modificações: uma substituindo no inciso III, da Portaria anterior, o "Programa São Paulo é uma escola" pelo programa de formação de coordenadores pedagógicos da educação infantil, "Rede em rede: a formação continuada na educação infantil", e para os coordenadores das escolas de ensino fundamental e médio a continuação do programa "Ler e escrever — prioridade na escola municipal", e outra excluindo, no item docente, a participação dos professores adjuntos,[4] sem aulas atribuídas, dos projetos de formação.

A Portaria n. 1.566, de março 2008, traz uma nova redação ao artigo primeiro, fazendo menção à necessidade de serem contemplados nos projetos de formação desenvolvidos na escola os projetos da Secretaria Municipal de Educação. A mudança mais significativa é a alteração do inciso III, da portaria anterior, com o acréscimo da determinação de implementação dos documentos de "Orientações Curriculares: expectativa de aprendizagem e orientações didáticas" e do "Referencial sobre avaliação da aprendizagem de alunos com necessidades educacionais especiais".

Na sequência, a Portaria n. 5.551, de 24 de novembro de 2011, revogada pela Portaria n. 5.854, de 31 de outubro de 2012, altera a Portaria n. 1.566/2008 no seu artigo 3º, determinando os participantes dos PEAs, ficando vedada a participação aos auxiliares de desenvol-

---

4. Atualmente, na rede municipal de ensino de São Paulo não há mais professores adjuntos. Todos os professores adjuntos tiveram seus cargos 'transformados' em professores titulares. Os que não têm uma turma atribuída trabalham compondo o módulo da escola.

vimento infantil (ADIs); aos professores portadores de laudo médico de readaptação/restrição/alteração de função; aos professores que optaram pela Jornada Básica do Professor (JB).

Em janeiro de 2014 foi promulgada a última Portaria de PEA n. 901/2014, que revoga definitivamente a Portaria n. 1.566/2008 e a Portaria n. 5.854/2012, considerando o Programa e as Metas do governo Fernando Haddad. Inova ao determinar que os PEAs expressem as prioridades estabelecidas no "Programa de Reorganização Curricular e Administrativa, Ampliação e Fortalecimento da Rede Municipal de Ensino de São Paulo — Mais Educação São Paulo" e no projeto político-pedagógico da escola. O texto da Portaria orienta sobre as temáticas dos PEAs para a Educação Infantil; para o Ensino Fundamental, considerando cada ciclo: Ciclo de Alfabetização, Ciclo Interdisciplinar e Ciclo Autoral; para o Ensino Médio e para a Educação de Jovens e Adultos — EJA.

Tais documentos legais moldam os projetos das escolas, que passam a ter a mesma estrutura organizacional e de conteúdo, deixando pouco espaço para a construção de projetos autônomos que respondam às dificuldades levantadas pela equipe escolar. Ademais, restringem o trabalho de formação desenvolvido pelo coordenador pedagógico na escola.

O Quadro 3 procura sistematizar os depoimentos das coordenadoras quando se referiam diretamente ao PEA. As categorias organizadas revelam aspectos redundantes nesses depoimentos e que, também, são reveladores do sentido desse projeto para as escolas.

No Quadro 3, é evidente que há uma sobreposição dos depoimentos das coordenadoras sobre o PEA e sobre as categorias levantadas. Na verdade, coerentemente, os discursos repetidos pelas coordenadoras entrevistadas revelam uma organização dos projetos formativos, que acentua certas contradições, algumas mais evidentes nas escolas de ensino fundamental do que de educação infantil.

Os PEAs, segundo o relato das coordenadoras das escolas municipais de ensino fundamental (EMEF), partiam de um levantamento das necessidades da escola local, com discussões internas, que

Quadro 3 O Projeto Especial de Ação (PEA) — a proposta de formação da escola

Levantamento das necessidades	"O tema do PEA era comum, isso facilitou, todo mundo sabia que o problema era alfabetização. Quando as crianças chegam ao ciclo II, todos veem que o problema é a leitura e a escrita, então, a proposta era trabalhar a alfabetização — a leitura e a escrita. Posteriormente, os professores refletiram e concluíram que a expressão 'Leitura e escrita' já abarcava alfabetização, não precisa estar citando o termo. O projeto (PEA) funcionou porque partiu de uma necessidade da comunidade escolar" (Coord. Maria Vitória). "Quando organizamos um PEA, acabamos montando de acordo com a dificuldade do grupo, o que eles acabam dizendo, avaliando. Logo que cheguei à escola, li as avaliações da unidade e as sugestões de encaminhamento para o ano que viria. Então foi partindo da avaliação que o grupo fez, das dificuldades que eles tinham que pensamos o PEA para aquele ano" (Coord. Maria Leda).
Trabalho coletivo	"Quando eu cheguei, já haviam tido uma discussão em relação à quantidade de projetos, que deveria haver menos projetos e todos voltados para a necessidade maior da escola, que era a questão da alfabetização, esse era o ponto central" (Coord. Maria Vitória). "Esse ano nós organizamos os grupos de JEIF, nos horários coletivos, e fomos avaliando o PEA do ano passado e pensando nos encaminhamentos. Então, a partir daí demos uma continuidade em alguns temas, mas também organizamos assuntos que não foram trabalhados no ano anterior. Mesmo as salas ambientes que foram desmontadas, nessa nova proposta, quando foram organizadas, foi em virtude de uma demanda, e não apenas por vontade de alguém que quis fazer assim" (Coord. Maria Leda).
Fatores que interferem no PEA	"Quando nós escrevemos o projeto, esse ano, percebemos que o projeto estava com a cara da prefeitura, que é o programa 'Ler e escrever' [...]. Neste ano foi praticamente imposto, o horário coletivo é isso: quatro horas para o programa 'Ler e escrever' e as outras quatro para o projeto da escola e o programa 'São Paulo é uma escola' [...]. Não está sendo uma experiência fácil para nós, não estamos nos encontrando bem com esse projeto, estamos aprendendo a nos estruturar de novo. Mesmo o projeto 'Leitura e escrita' tinha um outro formato. Agora que estamos participando da formação do 'Ler e escrever', ele está mudando, está sendo interessante, mas ainda não nos achamos, estamos caminhando" (Coord. Maria Vitória). "Tem que priorizar (a formação), mas tem que tomar um cuidado enorme para não ser engolido pelas outras questões. Porque tem as questões cotidianas: é o aluno indisciplinado, são papéis burocráticos que precisam ser entregues e coisas para serem resolvidas. Então, o ideal, aquilo pelo qual nós lutamos, é priorizar a formação, mas isso é um processo" (Coord. Maria Stella).

	"Tem que priorizar (a formação), mas tem que tomar um cuidado enorme para não ser engolido pelas outras questões. Porque tem as questões cotidianas: é o aluno indisciplinado, são papéis burocráticos que precisam ser entregues e coisas para serem resolvidas. Então, o ideal, aquilo pelo qual nós lutamos, é priorizar a formação, mas isso é um processo" (Coord. Maria Stella).

"Para nós que vínhamos, antes de o projeto 'Ler e escrever', trabalhando com leitura e escrita, já tínhamos um histórico de trabalho com essa temática, então foi só analisar as coisas que estavam vindo e seguir, esta parte do 'Ler e escrever' foi bem tranquila. Agora, a outra do programa 'São Paulo é uma escola' foi extremamente complicada, até porque quando veio a Portaria, quatro aulas para o 'Ler e escrever' e duas horas para o desenvolvimento do projeto 'São Paulo é uma escola' e duas horas para os projetos da escola. A nossa interrogação era: O que nós iríamos discutir no coletivo?" (Coord. Maria Stella).

"Os serviços burocráticos e as demandas externas interferem. Uma das coisas que nós precisamos discutir foi quando chegou o uniforme. No conjunto de uniforme, tem meias, agasalho, tênis... Como nós vamos nos organizar para distribuir esse material? Na verdade, a escola não tem alguém que faça isso, então quem vai fazer? Querendo ou não a organização é do CP e eu faço junto com a diretora" (Coord. Maria Leda). |
| **As práticas docentes** | "Na verdade o que a gente mais faz aqui é refletir sobre a própria prática. [...] Uma forma de reflexão é através das atividades das crianças, outra é o envolvimento delas. Nós percebemos quando o professor se envolve e quando ele só faz as coisas de praxe. Quando o docente se envolve ele pensa as atividades. Por exemplo, se eu estou ensinando artes [...] eu penso em atividades mais avançadas do que eu fazia" (Coord. Maria Leda).

"Quando eu cheguei [...] no terceiro período havia três turmas do terceiro ano do ciclo um, que pareciam que nunca tinham entrado na escola. Eles não sabiam ler ou escrever, coisa de abandono, e a primeira coisa que falei foi que 'ninguém nunca disse ao professor que deixasse de ensinar', essa é uma questão básica do professor, não estamos discutindo aqui se é moderno, construtivista, tradicional, sei lá o quê, essa discussão não interessa aqui. Para as crianças aprenderem a ler não existe magia, para isso os professores têm que assumir o seu papel, têm que ensinar. Então, nós vamos arrumando, discutindo, refletindo e analisando e eles vão melhorando" (Coord. Maria Augusta). |

Fonte: Elaborado a partir dos depoimentos das coordenadoras entrevistadas sobre os Projetos Especiais de Ação (PEA).

desvelavam as dificuldades em relação à aprendizagem da leitura e da escrita. Os projetos, então, procuravam estudar e entender essas dificuldades pautadas em uma didática coerente com o modo como as crianças constroem conhecimentos linguísticos e em materiais teóricos produzidos institucionalmente, como os do Profa.[5] Outros grupos, especialmente no ciclo II, entendiam que o estudo da tipologia textual daria base para que os professores das diferentes áreas do conhecimento compreendessem o tipo de texto produzido em sua disciplina, favorecendo a busca por uma metodologia que possibilitasse o trabalho com a leitura e a escrita em todas as áreas.

Cada coordenador e cada escola foram organizando paulatinamente, com os recursos que detinham, uma formação a partir da necessidade e das competências observadas no grupo, com uma identidade própria. A intervenção do sistema, por meio das portarias organizadoras do PEA, acabou por desconstruir essas conquistas, negando os saberes de cada unidade. Não se tratou de somar outros saberes aos conhecimentos elaborados pelas equipes, mas de pulverizar, de forma homogênea, um conhecimento e uma prática que não consideraram os saberes e as práticas locais. Os depoimentos dos professores foram mais contundentes ao apresentar essa realidade, referindo-se a essa ingerência como "imposição teórica" e denunciando a ausência de diálogo do órgãos oficias com a escola.

A formação genérica proposta para a escola, pautada no programa "Ler e escrever", acaba nivelando, em todas as unidades, a discussão sobre a aprendizagem da leitura e da escrita, desconsiderando, nesse processo, o percurso de cada escola. Mesmo sendo a perspectiva do problema semelhante, ainda assim não houve valorização das elaborações oriundas das vivências escolares. Os problemas relativos à alfabetização das crianças, nesta modalidade formativa, passam a

---

5. Programa de Formação dos Professores Alfabetizadores, curso optativo, oferecido entre 2001 e 2004 aos professores e aos coordenadores da rede municipal de ensino de São Paulo, que contava com apostilas e fitas de vídeo que orientavam a discussão nos cursos de formação.

estar diretamente relacionados ao fato de os professores não planejarem as tarefas adequadamente.

Existe uma "coincidência", observada na pesquisa e no acompanhamento dos horários de formação, entre os problemas pedagógicos detectados pela Secretaria Municipal de Educação e os identificados pela escola. Ambas estão preocupadas com a aprendizagem da leitura e da escrita pelas crianças matriculadas nas escolas municipais. Esse aspecto é facilmente observado no Quadro 3, na categoria Fatores que interferem no PEA.

Nestes últimos anos, a opção da rede municipal de ensino de São Paulo, para melhorar o trabalho desenvolvido junto às crianças e jovens, foi investir na formação do professor. Esse processo esteve pautado na ação do coordenador pedagógico, desenvolvida no horário coletivo e alicerçada no repasse das discussões e tarefas, antes socializadas nas reuniões de formação oferecidas ao coordenador e na utilização das publicações criadas para subsidiar o trabalho do professor com a leitura e a escrita. Essa dinâmica parece não deixar um espaço para a consideração dos projetos preexistentes nas escolas, dando-lhes suporte.

As coordenadoras Maria Vitória e Maria Stella relatam que as escolas já tinham projetos relativos à aprendizagem da leitura e da escrita em andamento e tiveram de se reestruturar para se adequar às novas exigências. Uma perda de tempo e de energia, pois tais medidas acabam por descaracterizar esses projetos e, dessa forma, promovem um prejuízo para as identidades construídas. Os professores majoritariamente, quando consultados sobre o que desprezariam no trabalho de formação na escola, apontaram a intervenção dos projetos externos, propostos pela Secretaria Municipal de Ensino (SME), na escola.

Durante a observação, foi possível acompanhar a preocupação da coordenadora Maria Vitória com o fato de os professores se apropriarem do recurso denominado "sequência didática". De forma sistemática, a cada encontro, era retomada a discussão sobre essa temática com apresentações de sequências pela coordenadora, pelo grupo ou em vídeo. Alternada com esses momentos, a avaliação procurava determinar os avanços dos alunos em relação à aprendizagem da leitura e da escrita. Porém, durante os dois semestres observados, a sequência didática foi sempre retomada como um exercício e não como a análise de uma prática pedagógica regular. Tal atitude revelava um quadro de resistência dos professores, em relação à formação proposta, que se manifestava na negação de transformar em prática cotidiana esse modo de organização do trabalho docente. Orsolon (2005, p. 21), em sua reflexão sobre a mudança na escola e o papel do coordenador, traz considerações que tocam na questão apontada:

> A mudança na escola só se dará quando o trabalho for coletivo, articulado entre todos os atores da comunidade escolar, num exercício individual e grupal de trazer as concepções, compartilhá-las, ler as divergências e as convergências e, mediante esses confrontos, construir o trabalho. O coordenador como um dos articuladores desse trabalho coletivo precisa ser capaz de ler, observar e congregar as necessidades dos que atuam na escola; e, nesse contexto, introduzir inovações, para que todos se comprometam com o proposto.

Outro aspecto observado foi a ausência de uma diversificação bibliográfica, principalmente na escola de ensino fundamental, que ficou restrita às publicações produzidas pela Secretaria Municipal de Educação de São Paulo e oferecidas aos professores e aos coordenadores. Esse material cumpriu a tarefa de divulgar a concepção pedagógica que norteava o trabalho das equipes da secretaria e orientar a ação dos profissionais na escola (professores, diretores e coordenadores), generalizando conceitos, pautados na sistematização de uma metodologia de trabalho.

A fala da coordenadora Maria Vitória, no Quadro 3, mais especificamente na categoria Fatores que interferem no PEA, é emblemática de como os programas de governo, na perspectiva das coordenadoras, podem ser implementados de forma a desconsiderar o percurso dos envolvidos e dificultar o trabalho de formação na escola: "Não está sendo uma experiência fácil para nós, não estamos nos encontrando bem com esse projeto, estamos aprendendo a nos estruturar de novo".

O COORDENADOR PEDAGÓGICO

Tal dizer reflete um descaso com o tempo e os conhecimentos produzidos nas práticas dos coordenadores pedagógicos que, nessa dinâmica, passaram a duvidar das suas competências e de seus saberes. Situação essa revelada pela questão proposta pela coordenadora Maria Stella: "O que iremos discutir no coletivo?". Essa pergunta retórica reflete a desarticulação entre o que a escola pensava em termos de formação e a proposta da Secretaria Municipal de Educação. Pode, ainda, ser uma formulação preocupada com o pouco tempo que sobra para a escola refletir sobre a sua organização, os projetos locais. Ou, a manifestação de uma desorientação, "se tudo o que foi realizado estava errado, o que iríamos discutir agora?".

A observação da condução dos PEAs pelas coordenadoras revelou uma reflexão mais pautada na apropriação de um modo de organização didática (como fazer) do que nas experiências pedagógicas vivenciadas no cotidiano (os fazeres).

A proposta de formação centrada na escola é bastante atual na rede municipal de ensino de São Paulo. Ter o coordenador como articulador nesse modelo torna-a possível. Porém, se ele desconsiderar os saberes construídos pelo grupo de professores, essa possibilidade se perde. Mesmo que a formação esteja centrada na escola, se as decisões sobre ela, configuradas no PEA, fogem desse domínio, acaba reforçando, ainda que de modo indireto, a dicotomia entre a teoria e a prática, pouco discutida com o coordenador. A escola passa a desenvolver uma formação pensada fora dela. São as avaliações diagnósticas e as sequências didáticas, com os seus "antes, durante e depois", muito bem elaboradas pelos professores, que, nesta perspectiva, acredita-se será garantida a aprendizagem das crianças.

Mas o que fazem os professores? Alguns não ensinam, conforme insinuação da coordenadora Maria Augusta no Quadro 3, não assumem o seu papel de ensinar, "Para as crianças aprenderem a ler não existe magia, para isso os professores têm que assumir o seu papel, têm que ensinar. Então, nós vamos arrumando, discutindo, refletindo e analisando e eles vão melhorando", porém ela vê uma saída no processo de formação, que possibilita a discussão, o diálogo, a análise e a reflexão. É nesse processo coletivo que os professores e os coordenadores vão melhorando os seus fazeres. É a prática real refletida que promove uma transformação de saberes e saberes-fazeres para melhor.

Mas que abordagem deve ser adotada? Como tornar a prática alvo de análise e reflexão? Quais conceitos, quais saberes o coordenador precisará desenvolver para que a formação produza sua autonomia intelectual? Onde fica o espaço de singularidade num PEA que acaba configurando-se igual, nos temas e metodologia, para todas as escolas?

A coordenadora Maria Augusta relatou como conseguiu, com outras coordenadoras, criar uma rede de formação entre escolas e formular um projeto próprio de formação para professores, gerido pelas unidades educativas envolvidas, com participação de profissionais externos, alguns associados à universidade e outros profissionais de notório saber. A natureza interescolar cumpre o papel de uma socialização mais ampla entre sujeitos diversos (outros formadores que não o coordenador pedagógico, outros colegas que não os da escola de origem), um processo que é autônomo e apoiado no PEA da escola.

Na outra escola, foi observado que, mesmo tendo desenvolvido projetos formativos organizados *in loco*, a equipe escolar não confiava na eficácia deles, aceitando o programa instituído pela Secretaria de Educação como melhor do que o já existente. O que poderia ser uma troca de experiência crítica tornava-se um processo de treinamento pautado pela repetição de modelos. Embora demonstrasse uma boa articulação com o grupo de professores, a coordenadora não percebia a insatisfação deles com aquela dinâmica, ou, se o sabia, entendia que o que estava sendo ofertado era o melhor para aquele grupo. Posteriormente, o grupo de professores teve a chance de manifestar-se e posicionar-se contra o que chamaram de "imposição de uma teoria sobre o que já faziam".

A contradição era que o trabalho dessa coordenação estava orientado pelo PEA, mas este estava comprometido com as ideias de uma formação que não considerava as especificidades do *locus* formativo, nem os saberes docentes. No entanto, o discurso pessoal da coordenadora era de valorização dos saberes do grupo, considerado envolvido com a aprendizagem dos alunos.

Assim, como os professores denunciaram estratégias formativas organizadas a partir de uma concepção que não prima por uma produção que favoreça a construção de um trabalho autônomo pelo docente, a coordenadora Maria Augusta registra uma possibilidade de organização formativa, estruturada numa ação coletiva interescolar, que aglutina unidades educativas. Por se constituírem as unidades educativas próximas umas das outras, cria-se um elo que consegue agregar e envolver, ainda mais, na avaliação dessa coordenadora, os docentes.

Projetos de formação de professores centrados na escola — antes referidos — implicam uma valoração da prática como detentora de saberes, ainda que tácitos, e uma aproximação das dificuldades da escola. Marcelo Garcia (1999) identifica a ideia da profissionalização docente na escola com o reconhecimento da capacidade docente de tomar decisões profissionais e de a escola propor autonomamente seus próprios projetos formativos. Analisando os relatos nas entrevistas e a observação das práticas das coordenadoras no PEA, foi possível vislumbrar configurações diferentes de formação ligadas à subjetividade dos participantes em relação ao espaço formativo. Tais ideias foram sintetizadas no Quadro 4 e revelam duas formas de caracterização dos projetos de formação centrados na escola.

O Quadro 4 mostra a dualidade de ações formativas que, embora tenham como foco a aprendizagem dos alunos, são organizadas de forma diversa, o que manifesta concepções diferentes sobre o trabalho com a formação contínua do docente na escola, ora corresponsabilizando o professor pela sua formação e os resultados dela na prática pedagógica, ora buscando apenas instrumentalizar o professor para determinadas ações curriculares.

Analisando os dados, é possível afirmar que professores e coordenadores apresentam experiências educativas que os tornam inco-

Quadro 4 Configurações do trabalho com o PEA

	PEA — EM PROL DA AUTONOMIA PROFISSIONAL DOCENTE	PEA — COMO INSTRUMENTO DE SOCIALIZAÇÃO DAS POLÍTICAS EDUCATIVAS
Modelo de formação	Centrado na escola, pautado pela autonomia das equipes.	Centrado na escola, pautado no controle dos resultados.
Fonte de aprendizagem	Projeto formativo organizado pela equipe escolar a partir dos problemas pedagógicos detectados e articulado pelo coordenador pedagógico, lotado na escola.	Projeto formativo elaborado a partir dos projetos educativos de governo e articulado pelo coordenador pedagógico, lotado na escola.
Tempo/Espaço	Jornada Especial Integral de Formação (JEIF).	Jornada Especial Integral de Formação (JEIF).
Tipo de atividade	Pesquisa, análise e reflexão sobre a prática.	Análises de práticas a partir de publicações institucionais.
Atitude dos participantes	Participam da formulação e do processo de formação e avaliam os resultados.	Recebem a orientação externa sobre a organização do projeto (forma, conteúdo, desenvolvimento e avaliação).
Características dos participantes	Sujeitos que têm saberes e que são capazes de reelaborar os próprios conhecimentos e as práticas educativas em função da aprendizagem dos alunos.	Sujeitos que precisam ter bons modelos para melhorar suas práticas e possibilitar o ensino para os alunos.
O que se espera	Desenvolvimento de uma prática pedagógica crítico-reflexiva em relação à ação docente, em prol da aprendizagem dos alunos e da construção de uma consciência crítica sobre o mundo em que vivem.	Desenvolvimento de uma competência didática, em prol da aprendizagem dos alunos.

Fonte: Elaborado a partir da análise dos depoimentos dos participantes da pesquisa em relação ao PEA.

modados com a atual situação das ações formativas na escola, pois, da forma como vem sendo propostas, cada vez mais excluem as equipes escolares de uma participação incisiva nas decisões sobre a formação a ser desenvolvida na escola.

O COORDENADOR PEDAGÓGICO

4. Os parceiros no trabalho de formação contínua do docente

O trabalho de gestão do projeto político-pedagógico, especialmente a formação contínua na unidade escolar, não é responsabilidade exclusiva do coordenador pedagógico. Segundo Libâneo (2003, p. 29), "o desenvolvimento profissional e a conquista da identidade profissional dependem de uma união entre pedagogos especialistas e os professores, assumindo juntos a gestão do cotidiano da escola, o processo de ensino e aprendizagem, a avaliação". Libâneo (2003) usa a expressão "pedagogos especialistas", referindo-se ao trabalho do supervisor escolar,[6] do diretor, do orientador educacional e do coordenador pedagógico, que, ao desenvolverem um trabalho conjunto e partilhado, asseguram que a organização escolar torne-se um ambiente de aprendizagem também para professores, um espaço/tempo de reflexão e de organização de novas práticas.

Nas escolas municipais, os coordenadores pedagógicos, historicamente, estão numa posição de interlocução direta entre as concepções pedagógicas do sistema de ensino, os conhecimentos docentes e as necessidades educativas da comunidade escolar. Nessa relação, também estão implicados o supervisor e o diretor de escola.

A partir da década de 1980, com a democratização da educação no Brasil, os papéis do diretor e do supervisor escolar vêm sendo ressignificados. Normalmente, relacionados a uma concepção técnica de mando e inspeção, passam a ser entendidos, pelos pesquisadores, como articuladores das relações colaborativas na escola. Ocorre, assim, uma aproximação entre diretores, coordenadores e supervisores no trato das questões pedagógicas.

Os depoimentos das coordenadoras mostraram que a presença desses atores podem, em maior ou menor grau, dificultar ou facilitar o trabalho do coordenador pedagógico. De forma geral, os diretores são considerados como parceiros no trabalho de acompanhamento pedagógico, especialmente, o de formação contínua na escola. No entanto, os supervisores não são lembrados como parceiros do traba-

---

6. Sobre o papel do supervisor escolar, consultar Franco (2007).

lho escolar. Normalmente sua ação está associada à inspeção, à aprovação ou à cobrança em algum nível.

O supervisor, como um dos braços da gestão pública, é um profissional que não pode estar apenas comprometido com as questões relativas ao cumprimento ou não da legislação, pois tem responsabilidades com a articulação entre os conhecimentos e os projetos que permitem atender às escolas nas suas necessidades. Muitos supervisores não se habilitam a acompanhar o processo de formação porque não sabem o que dizer, pois seus conhecimentos estão limitados à legislação, haja vista que acompanham um número significativo de escolas de diferentes níveis, então a maioria atém-se a cobrar as determinações do poder público.

Um espaço/tempo compartilhado favorece o envolvimento de todos os atores na discussão e na construção de um ambiente democrático que cumpra a função da escola como socializadora de conhecimento. A coordenadora Maria Augusta faz uma reflexão bastante oportuna sobre este aspecto:

> Eu acho que escola é uma construção coletiva. Não sou eu que faço a escola, nem o diretor, é o conjunto. Algumas ideias são minhas, outras do diretor e outras dos professores, que a gente vai alimentando, dando formato até virar algo concreto.

A análise empreendida por essa coordenadora aponta a responsabilidade de todos na construção de uma escola pública de qualidade. Juntos, a equipe escolar (professores, agentes de apoio, direção e coordenação) e a supervisão vão dando concretude aos projetos, à medida que alimentam as ideias, adequando-as às necessidades da escola desejada.

4.1 O diretor, componente da equipe pedagógica

Silva Júnior (1993) identifica na ideia de direção de escola uma linha tradicional, mais ocupada com os aspectos administrativos do

O COORDENADOR PEDAGÓGICO

que educacionais. Contudo, para esse autor, a ação administrativa deve considerar que tem como ponto de chegada a educação.

Os depoimentos, durante a investigação, demonstraram que só quando o diretor é capaz de desenvolver uma gestão democrática e participativa, de valorização do trabalho de todos, e enxergar em sua ação uma finalidade pedagógica, em função do projeto educativo da unidade, é que o trabalho do coordenador tende a ser referendado e desenvolvido como uma prática específica de uma equipe coesa que trabalha de modo integrado.

Mesmo se ocupando de tarefas mais administrativas e burocráticas, o diretor de escola tem sua função diretamente ligada ao pedagógico, e seu distanciamento ou aproximação está associado às diferentes concepções de gestão da escola, às demandas de trabalho desse profissional, à relação estabelecida com o coordenador pedagógico e ao projeto desenvolvido na unidade educativa. Libâneo (2003, p. 88) afirma que:

O diretor ou diretora de escola tem, pois, uma importância muito significativa para que a escola seja respeitada pela comunidade. Como temos insistido, autonomia, participação, democracia não significam ausência de responsabilidades. Uma vez tomadas as decisões coletivamente, participativamente, é preciso colocá-las em prática.

De fato, não é necessário que o diretor desenvolva a função do coordenador, estando este presente, mas é necessário que o trabalho seja uma construção coletiva, apoiado pelo diretor, que deve acompanhá-lo. Os depoimentos das coordenadoras trazem elementos para que se pense a relação entre direção e coordenação pedagógica na condução dos trabalhos de formação na escola. Para elas, essa relação pode ser facilitadora ou dificultadora do trabalho:

Em 2001 assumimos os trabalhos na escola eu, a outra coordenadora, a diretora e a assistente — uma equipe toda nova — que desde o começo esteve junta. Eu não vivi as experiências que já ouvi relatadas, de coordenadores em pé de guerra com os diretores e de diretores cerceando o trabalho dos coordenadores. O diretor diz uma coisa e o CP outra. O coordenador torna-se "o recheio do sanduíche" entre os professores e o diretor. Se não houver uma boa direção, no sentido da conversa e do apoio, o trabalho não flui. A direção pesa muito. Outra coisa que pesa é ter uma boa relação com a outra coordenadora, estar sempre conversando e trocando ideias. Eu acho que isso colaborou muito para a construção do meu trabalho, porque não foi um processo solitário. Nós dialogamos com a direção, que apoia o nosso trabalho, e isso ajuda muito (Coord. Maria Stella).

Era uma diretora horrível que estava lá, ela era eleita, escolhida pela equipe da escola, uma coisa horrorosa. Via os alunos como uns coitados (Coord. Maria Augusta).

Dos dois depoimentos anteriores, um relata o confronto com uma direção autoritária. Nesse caso, a coordenadora narra que a diretora nada fazia para facilitar o trabalho docente e contribuir com o desenvolvimento dos alunos, que eram vistos como coitados e incapazes. Porém, mesmo essa coordenadora vai dizer, referindo-se a outro diretor, que ele é um grande aliado no desenvolvimento do trabalho pedagógico da escola. Fusari (2007, p. 22) afirma que:

A formação contínua de educadores que atuam na escola básica será bem mais sucedida se a equipe escolar, liderada pelos diretores e coordenadores pedagógicos [...], encará-la como valor e condição básicos para o desenvolvimento profissional dos trabalhadores em educação.

A coordenadora Maria Stella vivenciou uma experiência positiva em relação ao diretor e à equipe técnica, no momento que ascendeu ao cargo, facilitando a sua adaptação e o seu trabalho. Tais depoimentos somam-se à ideia de uma formação contínua articulada coletivamente, corolário do envolvimento de toda equipe técnica da escola. Orsolon (2005, p. 21) traz elementos para pensarmos a importância dessa integração:

O COORDENADOR PEDAGÓGICO

As práticas administrativas e pedagógicas desenvolvidas na escola desenham as relações e as interações que as pessoas estabelecem em seu interior e definem formas/modelos para o fazer docente. Quando os professores percebem movimentos de organização/gestão escolar direcionados para a mudança de determinado aspecto de sua prática, essa situação pode se constituir num fator sensibilizador para sua mudança. A promoção de um trabalho pedagógico que ultrapasse as fronteiras do conhecimento e das funções/ações rigidamente estabelecidas no âmbito da organização e da gestão da escola, por meio de uma gestão participativa, na qual os profissionais dos diferentes setores possam efetivamente participar da construção do projeto político-pedagógico da escola, colaborando na discussão a partir de seu olhar e de sua experiência, propiciaria a construção de uma escola em que as relações e os planejamentos de trabalho se dessem de maneira menos compartimentada, mais compartilhada e integrada.

Segundo Libâneo (2003, p. 87), o "[...] diretor de escola é responsável pelo funcionamento administrativo e pedagógico da escola, portanto, necessita de conhecimentos tanto administrativos quanto pedagógicos". Um diretor com tais conhecimentos é capaz de acentuar a importância do coordenador, sem que isso signifique a diminuição do seu papel de liderança.

Os relatos das coordenadoras indicam que, dependendo das relações institucionais e da postura diretiva do administrador, pode existir uma comunhão de projetos que apoia o trabalho do coordenador pedagógico na escola, em decorrência dos resultados esperados, ou seja, a melhoria dos processos de ensino-aprendizagem. Mas existem diretores que não abrem mão de sua "autoridade" e concentram todo o trabalho em suas mãos, executando-o de acordo com suas próprias percepções e concepções de educação, colocando em risco o sucesso dos projetos de natureza pedagógica. Sem contar que uma equipe dividida não realiza um trabalho eficiente, nem produz as mudanças necessárias ou pretendidas.

A falta de apoio do diretor em relação ao trabalho do coordenador cria um mal-estar na escola que dificilmente poderá redundar em projetos que envolvam toda a comunidade educativa.

Tal como é próprio da lógica do trabalho coletivo e de uma gestão participativa, a liderança do diretor pode gerar uma organização favorável para o desenvolvimento pedagógico, à medida que abre possibilidades para que cada profissional manifeste seus saberes num projeto de trabalho partilhado. As falas das coordenadoras são profícuas em apresentar, de forma incisiva, a necessidade dessa relação respeitosa. Nelas vemos que as práticas da coordenação pedagógica ficam obscurecidas ou perdem o foco quando não existem harmonia e respeito entre diretor e coordenador pedagógico. Silva Júnior (1993, p. 77), ao se referir ao papel do administrador escolar, afirma:

> Trata-se de alguém que dirige o esforço coletivo dos professores, orientando-o para o fim comum, ou seja, o domínio do saber escolar de seus alunos. *O administrador é assim alguém a serviço do serviço que os professores prestam a seus alunos* (grifo do autor).

Como salienta o autor, o administrador trabalha em função da atividade docente, também o coordenador labuta em função da ação docente junto aos alunos, visando à aprendizagem. O papel do coordenador não é controlar o ofício do professor, pois é este quem planeja e faz a mediação, na prática, entre o ensino e a aprendizagem. É um trabalho voltado para o acompanhamento e a assistência pedagógico-didática dos professores, que, na formação, significa criar com os professores instrumentos de reflexão e investigação sobre a prática pedagógica, para que possam conceber, organizar e desenvolver situações adequadas à aprendizagem dos alunos.

4.2 O supervisor, um vértice do triângulo da equipe pedagógica

A figura do supervisor na educação pública nacional nao é nova. Saviani (2003) localiza a função supervisora no início da colonização

O COORDENADOR PEDAGÓGICO

do país, especificamente na ação dos "prefeitos de estudos", figura ligada ao ensino dos jesuítas, cuja função, naquele tempo, estava pautada por regras que faziam dessa personagem o controlador da política de ensino determinado pela Companhia de Jesus.

Desde então, a função delegada aos "supervisores"[7] está cada vez mais associada à atividade de inspeção do trabalho escolar, inspirada em pressupostos técnico-burocráticos, cuja explicação está representada na ideia de que a melhoria da qualidade de ensino só é possível mediante o controle da escola. Porém, pode assumir na perspectiva de uma nova referência de ação supervisora um papel de assessoramento que permita à escola investigar sua ação, desenvolvendo os processos formativos. No dizer de Franco (2007, p. 194):

> Os Supervisores de Ensino, assim como os profissionais da escola, entendem que a ação supervisora precisa estar vinculada estreitamente com os interesses e necessidades do desenvolvimento institucional da escola. Contudo a condição de função de sistema e de Estado lhes confere uma forma de poder de intervenção que precisa estar pautado em princípios democráticos de inferência e reconhecimento do papel dos profissionais da escola.

O supervisor, a partir dessa análise, pode intervir nas escolas de, pelo menos, duas formas: uma, no trabalho pedagógico, numa supervisão que possibilite à equipe escolar facilitar o desenvolvimento da autonomia crítica, propondo saídas pedagógicas ou formativas para as dificuldades encontradas. Outra, numa supervisão pautada nas solicitações burocráticas, na homogeneização dos processos formativos e no controle.

Sem uma reflexão crítica, o supervisor pode assumir a atribuição de repassar as determinações das políticas de formação dos órgãos oficiais para as escolas, e os coordenadores podem escolher atuar

---

7. No decorrer da história da educação brasileira, a figura responsável pela função de supervisão das escolas recebeu várias denominações. Para aprofundar os conhecimentos sobre a supervisão escolar, consultar Franco (2007).

dessa mesma forma junto aos professores. São "gestores" que não interagem e não discutem a realidade objetiva, portanto, não gerenciam em conjunto, diretor, supervisor e coordenador.

As coordenadoras manifestaram diferentes percepções e experiências em relação à atuação do supervisor na escola. A maioria aponta que o foco deles está nas questões burocráticas, nas orientações legais, e não no acompanhamento da escola, dos seus sucessos e das suas dificuldades:

> O interessante é que nunca nenhum supervisor chegou até nós para comentar, conversar sobre o projeto ou perguntar como ele está sendo desenvolvido. [...] as intervenções do supervisor foram no sentido de alterar algo de natureza burocrática, como: modificar a data, acrescentar uma hora que faltou (Coord. Maria Vitória).

> Eu fico pensando [...] que aquele que está mais próximo (o supervisor) pode vir e discutir um pouco com a escola. Não para colocar defeito, mas para tentar aproximar-se e entender. [...]. Nós sentiríamos o apoio, seria mais uma pessoa com quem conversar, com quem dividir as questões. Eu acho que seria uma pessoa a mais nesse âmbito. É lógico que, dadas as características da função do supervisor — ter muitas escolas, fazer averiguações —, não dá para ter um acompanhamento direto, isso é óbvio. Mas é possível parcerias (Coord. Maria Stella).

> Quando iniciei na coordenação, não tinha experiência no ensino fundamental. Foram muito assustadores esses seis meses iniciais. O supervisor responsável pela escola não tinha o entendimento de que eu precisava de apoio, de alguém para ajudar a direcionar o trabalho, porque eu não conhecia esse trabalho [...]. O supervisor cobrava muita coisa burocrática, tinha que entregar muitos documentos, o diário de classe, as avaliações das crianças, o relatório do Conselho de Classe. Eu tinha muitas dificuldades e demorava muito, porque não tinha nem afinidade, nem entrosamento com aquilo (Coord. Maria Leda).

> Quando a supervisão visita a escola e encontra uma escola que não dá trabalho e nao tem pais reclamando, consegue ver seriedade, a prática que desenvolvemos registrada, transformada em cadernos e livros que

estão lá na sala de leitura, há muita visibilidade no trabalho, então, não precisa controlar a escola porque a escola é séria. A escola é ousada, inventa coisas, faz tudo para melhorar a sua qualidade (Coord. Maria Augusta).

As falas das coordenadoras expressam a distância existente entre o desejo de um supervisor que deveria ser parceiro dos coordenadores no desenvolvimento da formação na escola e o papel real que consiste em assumir uma postura técnica de quem está de fora, não colabora, mas pune o fracasso. Os supervisores descritos, na maioria dos depoimentos, revelam um profissional mais preocupado com a forma do que com o conteúdo dos projetos; distante da escola, com cujo apoio não se pode contar; burocrático, voltado mais para os papéis do que para as pessoas; controlador, caso a escola tenha problemas, e dispensável, caso a escola se articule sozinha.

A coordenadora Maria Augusta aponta para o foco da autonomia relativa da escola, o projeto político-pedagógico. Para ela, uma escola que trata seus projetos com seriedade, que dá visibilidade ao trabalho realizado, não sofre com o controle externo da supervisão.

No entanto, para boa parte dos coordenadores, a ação supervisora tem como característica o controle. O trabalho desse profissional, assim, se desenvolve no sentido de que a formação siga as determinações das portarias.

Segundo os depoimentos, é possível inferir que o acompanhamento feito pelo sistema, por meio do supervisor, oferece pouco apoio às reflexões oriundas do trabalho desenvolvido pela escola, está mais pautado no controle e na observação das atividades desenvolvidas. O risco de ações pautadas apenas por procedimentos técnicos é não considerar:

- as peculiaridades locais importantes para a implantação bem-sucedida de projetos educativos;
- a relativa autonomia da escola, pautada num conhecimento coletivo e local;

- a responsabilidade dos educadores na sua comunidade;
- a diversidade da formação dos sujeitos responsáveis pelo trabalho com os conhecimentos;
- os coordenadores, suas dificuldades e saberes;
- a falta de preparo (formação) dos próprios supervisores para acompanhar a diversidade dos projetos formativos desenvolvidos pela escola;
- a forma diversa como vem se constituindo o trabalho da coordenação pedagógica nos diferentes espaços educativos.

Segundo Souza (2005, p. 170):

> O supervisor pode trabalhar com o olhar para o pedagógico, numa postura crítica, reflexiva junto à equipe escolar e aos professores, utilizando-se do administrativo a favor do pedagógico, negando o caráter meramente burocrático, impositivo, normativo e controlador. O trabalho do supervisor escolar estaria voltado a um projeto coletivo, em que a colaboração, a confiança, o pensar, o fazer junto pode propiciar o desenvolvimento profissional de todos, com uma formação de melhor qualidade.

O que se espera, da parte dos supervisores, é um tratamento diferenciado em cada escola, ora ajudando quem tem mais dificuldades, ora apoiando quem consegue fazer um trabalho eficiente de forma autônoma.

Um trabalho orientador genérico fere a ideia de um grupo de pessoas que partilham a organização da escola em favor de um projeto comum. Normalmente, essa situação se configura devido à ausência de diálogo pela hierarquização das funções, em que o supervisor é o elo mais forte, e pelas "orientações" do sistema de ensino que delimitam o percurso formativo a ser seguido, influindo na organização dos projetos de formação e na articulação pelo coordenador pedagógico, quer pela pressão pela implementação de programas externos, quer pela adaptação das determinações do sistema aos projetos da escola, quer por assumir os projetos próprios.

Assim, com base nessas premissas, só é possível entender a ideia da escola como *locus* de formação contínua do docente, baseada numa concepção de autonomia institucional que tem no seu projeto político-pedagógico as diretrizes e metas de sua ação e no reconhecimento da capacidade das equipes (professores, diretores e coordenadores), ainda que assessoradas (pelo supervisor ou outro elemento do sistema), de elaborar, desenvolver e avaliar seus projetos formativos identificando as necessidades da própria prática. Nesse contexto, o coordenador torna-se o responsável por acompanhar de forma sistemática esse processo, especialmente por meio da promoção da reflexão crítica sobre as práticas e pelo favorecimento da investigação sobre a ação pedagógica na escola.

Considerando a especificidade do trabalho do coordenador pedagógico, a seguir este livro se propõe a analisar o papel do coordenador pedagógico como gestor da formação centrada na escola, apontando alguns desafios dessa ação.

III

O coordenador pedagógico e a formação do docente na escola

> O coordenador pedagógico deve concentrar-se nas questões pedagógicas, deve ter predisposição para estudar, precisa exercer a liderança junto ao grupo de professores, não de uma forma impositiva, mas sim na forma de mediação.
>
> *Coordenadora Maria Stella*

O coordenador pedagógico, cuja função está restrita à escola, está física, emocional e epistemologicamente ligado aos educadores e aos alunos que coordena. Sendo assim, o que pode significar coordenar o pedagógico? Libâneo (1996, p. 128) traz uma reflexão nesse sentido:

> [...] quando se atribui ao pedagogo as tarefas de coordenar e prestar assistência pedagógico-didática ao professor, não se está se supondo que ele deva ter domínio dos conteúdos-métodos de todas as matérias. Sua contribuição vem dos campos do conhecimento implicados no processo educativo-docente, operando uma intersecção entre a teoria

pedagógica e os conteúdos-métodos específicos de cada matéria de ensino, entre os conhecimentos pedagógicos e a sala de aula.

Para o autor, a contribuição do trabalho do coordenador da escola está relacionada a uma intervenção no campo dos conhecimentos didático-pedagógicos que medeiam a relação entre o ensino e a aprendizagem. A coordenadora Maria Stella, na epígrafe, ressalta as "questões pedagógicas", ou seja, aquelas relativas ao ensino e à aprendizagem, como tarefa primordial desse profissional, associando-a a um processo de formação contínua articulado pelo coordenador e mediado pelo exercício da liderança.

A preocupação com o desenvolvimento escolar dos alunos, normalmente ligada à organização curricular e à revisão ou à análise da postura didático-pedagógica, tem, de modo geral, se refletido na organização da formação docente. E é assim que, direta ou indiretamente, tem se encaminhado a proposta de formação centrada na escola.

Existe uma percepção distorcida de que tudo na escola é pedagógico e, portanto, tudo é tarefa do coordenador pedagógico. De fato, os trabalhos devem estar imbricados, um ajudando a compor o outro, de modo que o processo educativo extrapole a sala de aula e o currículo seja vivo nas ações de professores, coordenadores, diretores, agentes escolares, alunos e comunidade. Contudo, quando algum aspecto do processo educativo é amplamente generalizado, perde-se o olhar específico e deixa-se de fazer escolhas que indiquem as prioridades dos trabalhos desenvolvidos.

Tudo pode ser pedagógico quando o aluno e o conhecimento tornam-se o centro das reflexões e das ações do coordenador. Nessa perspectiva, cabe à coordenação pedagógica coordenar as atividades de modo a promover uma consciência de si e do outro, ligadas por um projeto coletivo que estabeleça objetivos e metas comuns. Essa articulação crítica entre os professores (seus fazeres e saberes), seus contextos (culturais e sociais) e entre a teoria e a prática constitui-se, como ressaltado, em uma parte importante da atuação pedagógica, que tem como meta a legitimação de um ensino de qualidade.

O COORDENADOR PEDAGÓGICO

A formação do docente na escola, que é uma atividade sócio-histórica, organiza os processos de reflexão sobre o trabalho pedagógico, confrontando as teorias pedagógicas com os conteúdos-métodos das áreas de ensino (Libâneo, 2003).

Garcia (2007, p. 56-7), ao referir-se à função da coordenação pedagógica em relação ao projeto de formação desenvolvido pela escola, faz a seguinte reflexão:

> [...] mais do que o entendimento de que o papel da coordenadora pedagógica é o de tomar conta e controlar o que os professores e professoras devem fazer para ensinar, a ação da coordenação está mais preocupada em garantir e desenvolver o compromisso e a competência, segurança e autonomia do grupo de docentes no cotidiano da ação educacional. [...]. É um jeito de realizar a coordenação pedagógica que, na medida em que se preocupa com o bem-estar e a segurança do professor ou professora no seu papel de educador, está igualmente preocupada com a construção de sua competência para ensinar e promover a aprendizagem de seus alunos, está preocupada em garantir aos professores e professoras um espaço de formação onde possa expor suas dificuldades e questionamentos, um espaço onde possa começar a ter acesso a uma teoria que se mostra necessária para o seu aperfeiçoamento e avanço profissional e para o fortalecimento de sua dignidade profissional.

Essa ideia, também, está presente no depoimento da coordenadora Maria Vitória, quando questionada sobre o papel do coordenador na constituição da equipe escolar:

> Eu acho que o coordenador pedagógico tem que estar preocupado com a constituição do grupo em que ele vai trabalhar. Aqui na escola foi muito interessante. No meu terceiro ano de trabalho, em fevereiro, nos dias de planejamento, os professores estavam superanimados, felizes. Um colega falou que sabia "qual era a minha". Antes, segundo ele, os coordenadores pedagógicos da escola falavam: — Façam isso ou aquilo — e as professoras não gostavam, ficavam todas tristes. Mas eu não fazia assim e estavam todas animadas. Ele fez-me refletir muito sobre

isso, algo que eu fazia intuitivamente. Depois desta conversa, comecei a pensar que esta deve ser uma das preocupações do coordenador pedagógico, ou seja, constituir o grupo com o qual ele vai trabalhar. Porque eu não posso mandar nas pessoas, elas têm que sentir vontade de fazer as coisas, então tenho que ter este trabalho com os professores, tenho que oportunizar situações, materiais, ideias, sugestões, dando apoio nas dificuldades, porque isso vai mexendo com o desejo.

Coordenar o pedagógico pressupõe um profissional afinado com suas atribuições, com capacidade de refletir criticamente sobre o seu fazer, envolvido em desvelar na formação docente as relações existentes entre a teoria e a prática e criar condições para uma reflexão planejada, qualificada e organizada a partir das necessidades dos educadores envolvidos.

Como relatou a coordenadora Maria Vitória, coordenar o pedagógico significa pensar na constituição do grupo, não apenas por meio das afinidades pessoais, mas pela composição de afinidades pedagógicas, construídas numa percepção de que os educadores têm conhecimentos, mas podem transformar suas concepções e práticas.

O pedagógico, assim, é organizado numa dimensão coletiva e se estrutura num projeto político, que toma forma nas ações concebidas reflexivamente, no processo de elaboração de sentidos e de negociações de ideias e ações. O grupo escola personifica o "ideal" pedagógico quando constrói coletivamente os caminhos a serem percorridos e seus profissionais passam a organizar projetos de ações factíveis, que identificam a escola e seus autores.

A proposta de formação centrada na escola, quando há um investimento no coletivo escolar, valoriza os saberes e experiências dos educadores e propõe a reflexão sobre a prática, estabelecendo um diálogo entre ela e o conhecimento pedagógico existente.

Desse modo, os projetos de formação desenvolvidos na escola aproximam-se da concepção de que os professores, os coordenadores pedagógicos, os diretores e os outros membros da comunidade escolar constituem-se em protagonistas de sua ação e de seu desenvolvimento profissional.

1. O coordenador pedagógico como gestor da formação

A transferência do *locus* de formação docente tem propiciado nos meios acadêmicos uma reflexão sobre as condições de produção da formação na escola, considerando o espaço, o tempo, os recursos necessários, o "formador" e, especialmente, a valorização dos saberes docentes, como uma produção que congrega a teoria e a prática.

Pensar a formação na escola é considerar a mudança física de local, ou seja, das universidades para a escola, o que implica repensar os papéis formativos, e o protagonismo de professores e coordenadores na tomada de decisões relativas ao seu próprio desenvolvimento profissional. Ao aproximar a formação do local de trabalho, encurta-se a distância entre a ação docente real e a reflexão sobre essa ação. Isso implica tomar as necessidades da prática como elemento de reflexão para a formação, o que significa que ela se desenvolverá para responder às "ansiedades" formativas de determinado grupo de educadores comprometidos com o trabalho pedagógico num tempo/espaço determinado. Conforme aponta Nóvoa (2002, p. 40):

> A formação contínua alicerça-se na dinamização de projectos de investigação-ação nas escolas, passa pela consolidação de redes de trabalho colectivo e de partilha entre os diversos actores educativos, investindo as escolas como lugares de formação. A formação contínua deve estar finalizada nos "problemas a resolver", e menos em "conteúdos a transmitir", o que sugere a adopção de estratégias de *formação-acção organizacional* (grifo do autor).

Nesta perspectiva, é preciso considerar como são "significados/entendidos" os professores no processo formativo e observar como os coordenadores pedagógicos são "interpretados" pelo coletivo docente com o qual trabalha e pelo sistema de ensino, pois tais aspectos podem ser determinantes do modelo de formação desenvolvido.

Marcelo Garcia (1999), ao refletir sobre o desenvolvimento profissional docente, destaca a formação centrada na escola como uma modalidade assumida por investigadores, formadores e, também, pela administração educativa. Para o autor, essa formação apresenta três condições que se autoinfluenciam: *a liderança*, como elemento motor; *o clima organizacional,* que são as relações estabelecidas entre os profissionais; e *a natureza do desenvolvimento profissional*, ou seja, seu caráter reflexivo, a relação com o contexto, a participação dos envolvidos etc.

Esses aspectos têm uma conexão com as dimensões da prática formativa. O coordenador pedagógico representa a *figura de liderança*; o *clima organizacional* está relacionado à existência ou à ausência de um trabalho coletivo e cooperativo; e *a natureza do desenvolvimento profissional* está associada a aspectos práticos e conceituais, ou seja, o menor ou maior grau de autonomia na elaboração do projeto formativo, o caráter reflexivo de tais propostas etc.

Os depoimentos das coordenadoras revelam uma intrincada percepção sobre a formação dos professores na escola que refletem as ideias de Marcelo Garcia (1999), pois ao posicionaram-se como uma "liderança", que organiza, desenvolve, acompanha e intervém no processo de formação, revelam sua influência no direcionamento dessa tarefa. As falas que seguem são emblemáticas desse processo:

> Eu e a outra coordenadora conseguimos sempre estar conversando e procurando discutir alguns caminhos, algumas linhas mais gerais. Esse é um ponto importante enquanto equipe, o grupo perceber que há uma fala única, um conjunto, e que nós nos comunicamos, conversamos e procuramos seguir uma determinada direção (Coord. Maria Stella).

> Eu acho que o coordenador tem um papel fundamental. Somos nós que vamos intervindo para que eles [aqueles que não têm compromisso com a profissão] não sejam maioria. Por isso que é sofrido e estamos sempre expostos às agressões, mas, esta briga quem tem que comprar é o coordenador. Eu acredito que não podemos deixar de fazer as coisas por conta dos que não querem. Temos que apostar em quem faz (Coord. Maria Augusta).

Esses relatos trazem algumas coincidências no modo de caracterizar a profissão. Todas colocaram o coordenador como centro da articulação da dimensão pedagógica da escola. Isso significa que, quando questionadas sobre o que caracteriza o trabalho de formação na escola, as entrevistadas apontaram como elementos importantes: o acompanhamento (a presença) do coordenador como articulador, "discutindo, conversando, seguindo juntos" (coord. Maria Stella) e "intervindo" (coord. Maria Augusta). Tais expressões em destaque identificam o papel de liderança do coordenador na condução da formação centrada na escola, cuja ação é pautada no conhecimento e na proximidade com os educadores. Um profissional que coordena, estando junto aos professores, o projeto elaborado coletivamente.

O segundo ponto refere-se ao "clima organizacional", ou seja, à constituição do horário coletivo como instrumento que propicia mudanças no saber e no saber-fazer docente. Isso fica claro nos destaques: "nós nos comunicamos, conversamos e procuramos seguir uma determinada direção", afirma a coordenadora Maria Stella. "Quando eu cheguei aqui [...], uma professora me disse que na sala dela ninguém entrava. É inacreditável, hoje, a transformação dessa professora, ela é excelente", completa a coordenadora Maria Augusta. Os encontros coletivos tornam-se espaços que, se bem articulados ao projeto de formação aderido, promovem mudanças pessoais, de orientação conceitual e na prática docente, principalmente, quando considera as relações interpessoais estabelecidas.

Um terceiro ponto a ser destacado, ainda associado à formação, é a "natureza do desenvolvimento profissional", que tem como característica certa tensão vinculada a quatro eixos: 1) envolvimento dos participantes; 2) natureza colaborativa da formação; 3) reflexão sobre a prática; 4) proximidade do formador "coordenador pedagógico". Esses aspectos isolados ou em conjunto determinam em maior ou menor grau a qualidade da formação oferecida.

Em outros espaços formativos, o formador não acompanha diretamente os cursistas; estes, por sua vez, parecem ter a liberdade de, voltando ao seu local de trabalho, reorganizar o que foi tratado no curso, desprezar parte deste material ou mesmo todo ele e, assim, o discurso e a prática podem apresentar certos desníveis. A formação na escola aproxima os diversos profissionais e possibilita a investigação sobre a prática pedagógica *in loco*, o que pode eliminar o descompasso entre a teoria e a prática, comuns no discurso docente em relação aos cursos visitados.

Se, por um lado, o projeto de formação na escola pode representar as decisões coletivas da unidade educativa, por outro pode conformar-se com as determinações externas. Essa tensão foi observada numa das escolas acompanhadas, onde os professores participavam das atividades propostas, mas enxergavam-nas como limitadoras das práticas já existentes na escola. Essa insatisfação, no entanto, não produziu mudanças significativas porque o grupo não estava coeso. Alguns queriam um projeto elaborado pela escola, mas outros não viam necessidade de mudar, pois entendiam que as dificuldades apontadas por eles estavam contempladas no projeto organizado pela Secretaria de Educação.

A tensão mencionada aparece nos depoimentos das coordenadoras: "[...] esse é um ponto importante [...] o grupo perceber que há uma fala única" (coord. Maria Stella), "[...] somos nós que vamos intervindo [...] por isso que é sofrido, e estamos sempre expostos às agressões, mas esta briga quem tem que comprar é o coordenador" (coord. Maria Augusta). Estas falas estão associadas à formação proposta no espaço coletivo e à atitude dos participantes. Os sentimentos envolvidos podem ser produto de uma percepção pessoal sobre a atividade desenvolvida e os objetivos esperados. O grupo também pode gerar frustração quando decide não participar de uma atividade ou quando seu posicionamento configura-se como um ataque à pessoa do coordenador. Deste ponto de vista, parece que a tensão tem a mesma causa — o maior ou menor grau de envolvimento cooperativo dos participantes.

A formação na escola aproxima os professores das necessidades pedagógicas, o que torna a prática elemento de análise e reflexão. Isso requer um compromisso com a socialização profissional, entendendo-a como parte da formação associada a uma troca "crítica" de experiências. Foi observado que desvelar as práticas pedagógicas ao grupo não é uma tarefa fácil, assim como é difícil para o grupo a análise do trabalho de um colega.

Marcelo Garcia (1999, p. 199), referindo-se à autonomia dos professores no estabelecimento das suas prioridades formativas, salienta a "[...] necessidade de ser entendido como um processo colaborativo, no qual a maioria dos professores se implique, e que esteja baseado nos problemas práticos dos próprios docentes". Dessa forma, identifica-se uma ação ativa dos educadores (professores, coordenadores e diretores), não só na socialização das prioridades formativas, como também nas práticas desenvolvidas.

A escola é um lugar de embates, de jogos de poder, tensões e de contradições, que interferem nos projetos e nas relações interpessoais estabelecidas. Pensar o espaço formativo é considerar essas e outras questões que podem comprometê-lo de alguma forma.

O modo de agir do coordenador na condução do projeto formativo pode despertar maior ou menor envolvimento dos participantes. Se o coordenador colocar-se apenas como um controlador e não como um articulador, tenderá a criar um clima desfavorável ao debate e à reflexão, em que os profissionais dirão aquilo que consideram que o coordenador quer ouvir, mas ainda assim farão o que acreditam. A coordenadora Maria Augusta, referindo-se a esse fato, declara:

> Eu acho que a cobrança, o controle é muito ilusório, porque na verdade o professor faz aquilo em que acredita, ou o que ele quer. Uma coisa eu aprendi, o que é muito forte na escola pública é a questão da dissimulação. Então, quando se está numa discussão no horário coletivo, tem-se a impressão da adesão, mas aquilo não vai para a prática. A arte da dissimulação é muito forte. Não posso estar me iludindo de que o que foi discutido vai acontecer para todo mundo. Não acontece. Com alguns acontece e é surpreendente, mas os mais resistentes representam um papel de não adesão muito mais forte. Então essa coisa da transparência, da sinceridade, do confronto, da discussão, o coordenador tem que liderar.

O relato não trata de uma desistência do coordenador em relação às dificuldades, mas de um enfrentamento das questões que impedem o desenvolvimento profissional docente. A coordenadora aponta claramente que a formação promove a reflexão dos professores, mas que existem resistências e dissimulações. No primeiro caso, as resistências podem ser saudáveis, pois mobilizam a coordenação a pensar sobre a articulação do projeto coletivo. No segundo, a dissimulação não promove mudança e nem a reflexão, só a confusão e o desentendimento, dificultando o diálogo, já que o dissimulado não se manifesta de forma clara, objetiva e direta.

Bruno (2005) destaca que dificuldades como essas, envolvendo o coletivo escolar sob a responsabilidade do coordenador pedagógico, requerem do grupo o exercício de explicitar suas expectativas e um desprendimento do próprio desejo, que, quando publicado, passa a ser o de outros e pode assim ser modificado.

> Uma das dificuldades do trabalho coletivo está no confronto de expectativas e desejos dos sujeitos envolvidos. Dificuldade que precisa de condições especiais para ser superada. [...] O exercício de confrontar as expectativas de cada um dos organizadores do projeto coletivo da escola exige a compreensão de que a explicitação do que se espera implica a publicação de um desejo, de um princípio, de uma convicção. [...] A publicação traz em si a ideia de que algo que era de uma pessoa agora é também de muitos e poderá ser transformada (Bruno, 2005, p. 14).

O coordenador que chega à escola assume a difícil tarefa de conquistar seu espaço junto ao coletivo, o que implica passar por experiências de correlações de força (em relação à direção, ao sistema, aos professores etc.), e que poderão interferir na construção de sua identidade profissional, na elaboração e no desenvolvimento coletivo do projeto formativo da escola. Assim, as coordenadoras narram seus processos de conquistas de espaço:

> Encontramos resistências [*referindo-se a um projeto*] mas caminhou e foi muito bom, deu visibilidade aos trabalhos dos professores, mesmo

quem tinha séria resistência, reclamava e não queria fazer a atividade com aluno, acabou realizando-a (Coord. Maria Vitória; grifo nosso).

As relações são difíceis, para um está bom, para outro não está. É preciso conhecer e considerar em que nível cada um está, como cada um faz a sua organização e como a formação transparece no trabalho com as crianças. Então, uma das coisas que dificulta a formação é esta questão das relações (Coord. Maria Stella).

Eu tinha muitos problemas com relacionamento na outra escola, porque tinha um grupo de professores muito antigo. Eu vim para cá na primeira remoção [*transferência de uma escola para outra*], estou nessa escola há cerca de três anos. Isso foi muito positivo, o grupo aqui é muito maior do que havia lá, mas é mais receptivo, acolhedor, um pessoal que tem vontade de aprender e corre atrás da formação. Na outra escola, todos diziam saber tudo (Coord. Maria Leda; grifo nosso).

Os depoimentos mostram que o coordenador pode enfrentar resistências por vários motivos: em virtude da chegada de um novo membro na equipe, em relação a crenças e valores dos professores envolvidos, relativas ao tempo na carreira do magistério (professoras mais ou menos experientes) e a heterogeneidade do grupo. Essas situações indicam uma demanda de trabalho e de considerações que deverão ser alvo de reflexão desse profissional antes de propor as discussões sobre as atividades formativas. É impossível agradar a todos, mas é possível ser respeitado pelo trabalho que se faz.

Ademais, a compreensão qualificada e contextualizada da ação gestora do espaço de formação na escola possibilita, primeiramente, o desvelamento das teorias que fundamentam as práticas formativas nesse espaço e, também, permite a introdução de elementos que subsidiem a reflexão desses profissionais, para que lidem criticamente com a imposição de uma sujeição dos papéis, quer pelo controle de alguém ou de algo (uma ideia), quer pela cadeia produzida pela própria história identitária, nessa dinâmica de forças que se enfrentam e se absorvem e que tornam qualquer posição flexível. Tal situação é perceptível no depoimento que segue:

Nós sempre pensamos — não dá para ficar só na discussão teórica. Se não chegar no aluno não vai ter nenhum sucesso. Então, nós fomos *tentando convencer. Encontramos resistências*, mas o projeto caminhou e foi interessante. No começo da formação, era eu e a minha colega tentando, criando meios. Depois, nós percebemos que eles tinham muito para dar e que não havia necessidade de estarmos sozinhas. Então, organizamos a formação e propusemos dividir as tarefas. Escolhemos um autor, um livro, um tema e cada um foi se responsabilizando por uma parte e combinamos que os professores iam estudar e trazer para o grupo (Coord. Maria Vitória; grifos nossos).

A gestão do trabalho educativo, especificamente dos processos de formação pelo coordenador pedagógico, pressupõe assumir a escola como comunidade de ensino e aprendizagem também para o professor, portanto disposta a oferecer oportunidade de contrastes de ideias, de atuação e de sentimento, de modo a promover uma reflexão sobre o significado das diferentes concepções e sobre as opções dos docentes na escola. Não significa amoldar-se ao que é determinado para o espaço escolar, mas promover novas formas de ocupação do espaço formativo por todos que dele fazem uso.

Considera-se que no tempo presente se desvanecem certezas, que antes estavam polarizadas num único campo, como aquela que atribuía ao aluno a culpa pelo fracasso escolar. Atualmente, a ideia pode pender para outro extremo, o de culpabilizar o professor e sua formação pelas mazelas da educação. Assim, assume importância o modo como são pensados os projetos de formação, quer na escola, quer nos órgãos centrais da administração pública.

Refletir sobre a gestão da formação em serviço é oportunizar uma discussão sobre as possibilidades de organização do espaço/tempo formador na escola, decisão que deve envolver todos os participantes.

O trabalho de gerir o espaço/tempo de formação contínua na escola denota escolhas baseadas em concepções. Não é uma decisão neutra, mas a manifestação de adesão ou resistência a algum projeto, quer seja elaborado pelos professores no coletivo escolar, quer determinado pelas políticas públicas.

O COORDENADOR PEDAGÓGICO

A atividade de formação desenvolvida pelo coordenador, em oposição a uma homogeneização das condutas pedagógicas no interior da escola, precisa considerar como desafios: o descompasso entre as instâncias do trabalho do coordenador e os dispositivos formativos, a formação como um processo introdeterminado,[1] e a articulação entre as necessidades da formação, a cultura escolar e as determinações das políticas públicas.

1.1 Primeiro desafio: os limites de uma formação circunscrita à escola

O coordenador assume diversas atribuições na escola que são acrescidas pelas demandas do cotidiano, pela relação com a equipe, pela natureza dos projetos desenvolvidos. Segundo a coordenadora Maria Stella, existe uma organização do trabalho que define o real, o que acontece, e o ideal, a utopia e, ao mesmo tempo que impulsiona o trabalho, acaba se constituindo num padrão de avaliação pessoal nunca alcançado. Entre o real e o ideal, existe uma ação sendo construída e reconstruída, que vai dando contornos ao trabalho de formação na escola. Diz ela:

> Nós trabalhamos com o real e o ideal. Se conseguíssemos de fato, dentro da escola, priorizar as questões de formação, ter esses espaços para conversar com os professores e fazer intervenções mais diretas, eu acho que ajudaria bastante o professor a refletir sobre o seu trabalho [...]. Esse é o ideal e nós estamos bastante distante dele. Por exemplo, uma escola como a nossa, que é muito grande, embora tenha duas coordenadoras, ainda é pouco. Temos aproximadamente cento e poucos professores. [...] não temos todos os professores participando de projetos e não temos tempo, no dia a dia, para estar junto daqueles que não

---

1. O termo "introdeterminado" é usado no artigo "Percursos de formação e de transformação" escrito por Moita (1992), em que a autora analisa os processos de formação como dinâmicos e complexos, por meio dos quais vai se construindo a identidade de uma pessoa (pessoal/profissional) nas interações que se estabelecem e no processo de autocriação gerados por tensões e contradições.

participam. Uma coisa que considero essencial no trabalho da coordenação e que me cobro sempre é separar um tempo para ir à sala de aula, ou pelo menos visitar uma turma de alunos por dia. Não só entrar e sair, mas entrar e conversar com as crianças, com as professoras, olhar o caderno, ajudar numa atividade. Se eu consegui fazer isso, duas ou três vezes no ano, foi muito. Esse aspecto seria muito importante para o professor ver o coordenador não como chefia, mas como parceiro que está procurando ajudar. Apesar de toda loucura das salas superlotadas e todos os problemas decorrentes disso, a coordenadora estaria lá para o trabalho ficar mais suave, mas isso seria o ideal, não é o real.

Uma das demandas apontadas pelas coordenadoras e fartamente ilustrada no depoimento da coordenadora Maria Stella é relativa ao *descompasso entre o tempo de trabalho e as atividades a serem desenvolvidas pelo coordenador*. Todas indicaram que a formação contínua é a prioridade do trabalho do coordenador e, normalmente, esta atividade ocupa mais da metade do tempo de trabalho. Mas se o horário coletivo tem se configurado institucionalmente como espaço/tempo de formação, ainda assim isto não exclui as outras tarefas do coordenador, como acompanhar as turmas e seus professores, conversar individualmente com os docentes ou mesmo preparar os encontros coletivos selecionando material ou lendo textos. Libâneo (2003, p. 183) relaciona doze atribuições da função da coordenação pedagógica:

1. Responder por todas as atividades pedagógico-didáticas e curriculares da escola e pelo acompanhamento das atividades de sala de aula, visando a níveis satisfatórios de qualidade cognitiva e operativa do processo de ensino-aprendizagem.
2. Supervisionar a elaboração de diagnóstico e projetos para a elaboração do projeto pedagógico curricular da escola e outros planos e projetos.
3. Propor para a discussão, junto ao corpo docente, o projeto pedagógico-curricular da unidade escolar.
4. Orientar a organização curricular e o desenvolvimento do currículo, incluindo a assistência direta aos professores na elaboração dos planos de ensino, escolha de livros didáticos, práticas de avaliação da aprendizagem.

5. Prestar assistência pedagógico-didática direta aos professores, acompanhar e supervisionar suas atividades, tais como: desenvolvimento do plano de ensino, adequação dos conteúdos, desenvolvimento de competências metodológicas, práticas avaliativas, gestão da classe, orientação de aprendizagem, diagnóstico de aprendizagem etc.

6. Coordenar reuniões pedagógicas e entrevistas com professores visando promover inter-relação horizontal e vertical entre disciplinas, estimular a realização de projetos conjuntos entre os professores, diagnosticar problemas de ensino-aprendizagem e adotar medidas pedagógicas preventivas, adequar conteúdos, metodologias e práticas avaliativas.

7. Organizar as turmas de alunos, designar professores para as turmas, elaborar o horário escolar, planejar e coordenar o Conselho de Classe.

8. Propor e coordenar atividades de formação continuada e de desenvolvimento profissional dos professores.

9. Elaborar e executar programas e atividades com pais e comunidade, especialmente de cunho científico e cultural.

10. Acompanhar o processo de avaliação da aprendizagem (procedimentos, resultados, formas de superação de problemas etc.).

11. Cuidar da avaliação processual do corpo docente.

12. Acompanhar e avaliar o desenvolvimento do plano pedagógico-curricular e dos planos de ensino e outras formas de avaliação institucional.

Observe que as atividades voltadas para o acompanhamento do professor destacadas pelo autor: "[...] acompanhamento da sala de aula [...]"; "incluindo assistência direta aos professores [...]"; "[...] acompanhar e supervisionar [...]"; "[...] estimular a realização de projetos conjuntos [...]"; "[...] acompanhar o processo de avaliação da aprendizagem [...]" e "[...] acompanhar e avaliar o desenvolvimento do plano pedagógico curricular [...]" Também são destacadas na fala da coordenadora: "[...] não temos tempo, no dia a dia, para estar junto [...]"; "[...] uma coisa que eu considero ser essencial no trabalho da coordenação e que me cobro sempre é separar um tempo para ir a sala de aula [...]"; "[...] para o professor ver o coordenador não como chefia, mas como parceiro que está procurando ajuda [...]". Acompanhar o trabalho do professor, individual e coletivamente, é uma tarefa preciosa na percepção das coordenadoras, para encaminhamentos mais específicos e para que o professor não se sinta só, mas que se favoreça das parcerias articuladas pelo coordenador. Este "ideal" não é atingido porque o tempo cronológico não é o mesmo das demandas. Alguns coordenadores procuram trazer essa tarefa para o horário de formação, em que a participação dos docentes, com seus relatos e com as atividades das crianças, favorece a intervenção da coordenação.

Um aspecto significativo desta forma de rearranjar o tempo e as atribuições é o de levar o coordenador a utilizar-se do horário coletivo para intervenções mais diretas sobre o trabalho docente.

Um ponto da complexidade da ação do coordenador pedagógico é o de lidar com a ideia de um trabalho de formação que envolva todos os professores nos horários coletivos, mas não descartar o atendimento individual, em atenção às especificidades das dificuldades de cada profissional, além da necessidade de atingir-se com os processos formativos quem não opta pela participação nos horários coletivos, mas desenvolve a docência direcionada pelo projeto político-pedagógico da escola. A formação não se configura apenas com transmissão, mas também como uma "intervenção mais direta", ou seja, uma aproximação da atividade da docência, um pensar junto sobre o trabalho. Esse é de fato o trabalho de formação na escola, que se destaca pela singularidade das intervenções. Tão séria é essa atividade que segundo Maria Stella:

> As pessoas precisam ter a clareza de que a prioridade do coordenador é a formação. Então o CP tem que ter um espaço para estar na formação, mas não é para todo mundo que isso está claro. Às vezes, quando estamos agoniadas, nós sempre conversamos sobre o que é importante, e concluímos que é a formação. A existência do coordenador pedagógico se justifica por isso, pensando em alguém que está ali pela formação.

O COORDENADOR PEDAGÓGICO

A coordenação pedagógica vem sendo reconfigurada historicamente pelas demandas políticas e econômicas que ditam as regras no jogo da educação pública. Na década de 2000, o discurso do coordenador pedagógico como responsável pela formação na escola tem se multiplicado e, simultaneamente a esse fenômeno, tem diminuído a oferta de cursos oferecidos pelo sistema na modalidade optativa fora da escola. O que isso significa? Será no futuro a escola o único lugar de formação contínua do docente? Essa questão remete ao final do depoimento da coordenadora Maria Stella, aqui transcrito, que aponta para uma intrínseca relação entre a existência do coordenador pedagógico e o trabalho com a formação do docente na escola. Contudo, parece haver uma supervalorização da formação coletiva em detrimento do atendimento individual, também tarefa do coordenador. Isso acontece de tal modo que a coordenadora acaba duvidando de suas próprias percepções sobre o trabalho. Percebe a necessidade de atender individualmente aos professores, mas a pressão pela formação coletiva faz com que direcione tempo e energia para essa tarefa.

Embora exista um discurso voltado para referendar a ação da coordenação na formação do profissional crítico-reflexivo, o constrangimento por resultados e o pouco investimento no desenvolvimento profissional do coordenador, proposto, por vezes, de forma "apostilada" ou predeterminada, impede que o profissional use os conhecimentos de forma reflexiva e crítica na transformação dos problemas locais.

O fato é que esse modelo de formação não pode constituir-se em uma linha de produção de conhecimento para a ação, configurando-se como uma atividade técnica que não dará ao "professores participantes" as condições para lidar reflexivamente com todas as demandas desse espaço dinâmico, nem estar descolado das demais atividades desenvolvidas por esse profissional.

No que se refere à formação, o coordenador tem responsabilidade no processo de elaboração desse projeto, desvelando as contradições e os limites de alicerçá-lo no senso comum. Estando elaborado e homologado, caberá a ele acompanhá-lo, garantindo suas etapas e promovendo o debate, a reflexão sobre a prática, a pesquisa e a troca de experiência qualificada.

Nesse processo, o coordenador pedagógico poderá ter o registro como um aliado para a ampliação da pauta reflexiva, dos avanços construídos, das relações estabelecidas com a prática e, também, promover sua autoformação por meio do estudo de textos, da troca com seu par da mesma escola, ou com outros pares de escolas diversas. Para isso poderá pensar sua própria formação em rede, espaço este que deverá constar do projeto político-pedagógico.

A formação na escola pode assumir como característica a reprodução pura e simples das pautas elaboradas pelo sistema, pela pressão dos órgãos centrais por resultados, ou pela compreensão de que é a função do coordenador atender às demandas do sistema. Nesse caso, o coordenador torna-se o canal por onde fluem as determinações das políticas públicas, que nem sempre respeitam a produção coletiva dos profissionais que exercitam, no espaço de formação na escola, o pensar sobre o seu saber e fazer.

1.2 Segundo desafio: a formação como um processo introdeterminado

As coordenadoras apontaram nos depoimentos a importância e a necessidade de considerar a formação contínua como um projeto pessoal. Mesmo quando ela é informal, nos corredores e no horário do café, ainda assim é um jogo que pressupõe uma decisão pessoal de envolver-se com outras pessoas.

A formação centrada na escola não foge desse padrão. Também é introdeterminada e, neste caso, em dois sentidos. O primeiro deles está relacionado à disposição interna em estar junto com outros, *organizando e participando* efetivamente desta formação. Isso significa uma reelaboração interna que se manifesta externamente de forma mais imediata, na opção por participar em processos de formação.

O segundo sentido, imbricado com o primeiro, está relacionado às transformações subjetivas produzidas pela formação, nas concepções, nas ideias, no saber e no fazer docente resultado de uma assimilação complexa, incapaz de ser medida na totalidade de sua abrangência.

Segundo Moita (1992), esta situação é altamente significativa para os formadores, pois este é um processo complexo em que se entrecruzam várias formações, as antigas, as do tempo presente, as informais, as que acontecem na prática cotidiana, as que envolvem as experiências pessoais de cada formando e outras. Portanto, para que tal situação não escape totalmente do projeto organizado, ele precisa assumir uma característica dialógica:

> Os formadores encontram-se confrontados com a complexidade dos processos de formação que se entrecruzam em cada pessoa, em cada formando. A compreensão desta complexidade, mesmo que feita por aproximações, é uma tarefa que se impõe, de forma algo paradoxal, na medida em que a formação é uma realidade que "escapa" de certa maneira dos formadores, porque é fundamentalmente introdeterminada (Moita, 1992, p. 113).

Não se trata aqui de lutar contra esse fato ou de negá-lo, mas entender que esta é uma variável que atravessa o percurso de formação dos docentes em qualquer espaço, inclusive na escola. Não significa deixar de oferecer este espaço/tempo formativo, mas que o coordenador considere que tal interferência pode refletir numa oposição àquilo que se pretendia. Canário (2006) acrescenta que a formação, mesmo coletiva, é autoformação à medida que é um processo pessoal de autoconstrução. Portanto, na escola, no horário coletivo acontece a autoformação, e será sempre "auto" porque é pessoal e intransferível, tanto para professores, como para coordenadores pedagógicos. Na íntegra, o autor afirma:

> A autoformação é frequentemente entendida como uma modalidade em que o formando atua de forma independente e solitária, na ausência física de um formador. O entendimento que tenho deste conceito corresponde a uma perspectiva bem maior: o de um processo de autoconstrução da pessoa (Canário, 2006, p. 83).

Essa é uma característica do desenvolvimento profissional em espaços individuais ou coletivos, ou seja, a formação acontece (ou não) no sujeito em formação, num processo de autoconstrução. Tal perspectiva reforça como desejável a participação dos educadores na formulação dos próprios projetos de formação, como um aspecto coletivo que permite ao formador aproximar-se das subjetividades dos sujeitos.

Libâneo (2003) entende que as pessoas investem tempo naquilo que valorizam e que o mesmo princípio se aplica à formação. Quando os professores acreditam ou têm interesse em determinado aspecto da formação, investem tempo e energia naquilo. Então, além da mudança interna que a formação promove, ou melhor, pode promover, existe também uma predisposição que se manifesta externamente, que é a busca pela formação necessária. Para o autor:

> Uma coisa é certa: as pessoas arrumam tempo para as coisas que compreendem, que valoram e nas quais acreditam. Os dirigentes da escola precisam, então, ajudar os professores, a partir da reflexão sobre a prática, a examinar suas opiniões atuais e os valores que as sustentam, a colaborar na modificação dessas opiniões e valores tendo como referência as necessidades dos alunos e da sociedade e os processos de ensino e aprendizagem (Libâneo, 2003, p. 29).

Esta ideia de Libâneo é retomada na pesquisa pelos depoimentos das coordenadoras Maria Stella e Maria Leda, que entendem o espaço formativo, por suas características de construção coletiva, como um elemento que agrega necessidades e interesses diferentes e que responde pela busca pessoal de cada um dos envolvidos, "o que o professor quer para a formação". Porém, para a coordenadora Maria Leda, esta procura não pode ficar restrita à escola:

> Para ter um processo de formação é preciso ter a predisposição das pessoas, às vezes, o grupo não caminha igualmente [...] e nem sempre você tem todo mundo predisposto para estar ali participando (Coord. Maria Stella).

O COORDENADOR PEDAGÓGICO

> O melhor processo de formação é aquele no qual o professor está envolvido, aquele em que ele corre atrás, que vai em busca. Pode até ser que ele venha buscar no horário coletivo, pois [...] a própria escola na sua organização pode garantir o que o professor deseja para a formação. Quando corremos atrás de formação, é porque sentimos a necessidade; mesmo havendo a formação na escola, acho que o professor deve participar de outras situações de formação, além da escola (Coord. Maria Leda).

As coordenadoras ressignificam elementos identificados pelos autores citados. Elas apresentam como determinante do desenvolvimento profissional uma mobilização interna, "predisposição", "um correr atrás, ir à busca", a qual não pode limitar-se apenas ao espaço escolar. Num curso, fora da escola, convergem pessoas de interesses comuns, mas de lugares diferentes. Na escola, o desafio para o coordenador/formador é articular a formação, num espaço onde se agregam ação e reflexão, com pessoas de interesses diversos, mas com um pacto formativo comum, centrado numa escolha coletiva.

Então, dentro deste enfoque, um grupo comprometido vence o desafio de, com a coordenação pedagógica e orquestrada por ela, promover a gestão do espaço formativo na escola de modo colaborativo. Nesse caso, a formação como elemento introdeterminado manifesta-se numa participação efetiva que dá "concretude" para o projeto educativo da escola, por meio de uma relação coerente entre teoria e prática.

1.3 Terceiro desafio: a articulação entre as necessidades da formação, a cultura escolar e as determinações das políticas públicas

Cultura escolar e políticas públicas são dois conceitos imbricados. A organização das escolas, da forma como a conhecemos hoje, e as determinações sobre seu funcionamento são, sem dúvida, resultado das decisões políticas que se transformaram em cultura escolar. A escola tem vivido os desmandos e as descontinuidades dessas políticas que, por seu caráter repetitivo, constituem-se em parte da cultura escolar, no sentido generalíssimo, o que gera um sentimento ora de resistência a mudanças, ora de conformismo em relação a essas intervenções. Segundo Marcelo Garcia (1999, p. 193-5):

> [...] os processos de desenvolvimento profissional são claramente determinados pela *política educativa* de momento, sendo tal política concretizada em relação ao currículo, à organização e ao funcionamento das escolas. Assim, fica claro que é a Administração Educativa quem determina as "propriedades de formação" dos professores para que estes se tornem mais aptos a desenvolver a política educativa planificada a nível oficial. [...] Aquilo que denominamos *política educativa* inclui também aspectos que se referem aos professores como profissionais: salários, incentivos, autonomia, controlo, rendimento etc., que influenciam o desenvolvimento profissional, na medida em que podem funcionar como factores motivantes ou alienantes dos professores em relação ao seu compromisso profissional. [...]. Mas os processos de desenvolvimento profissional são também determinados pela *cultura organizacional* dos centros [...] o tipo de cultura que existe num centro facilita ou dificulta o desenvolvimento dos processos de formação autônomos, de colaboração e de formação centrada na escola (grifos do autor).

Assim, como os processos de ensino são determinados pelas políticas públicas, os processos de formação do docente em serviço e na escola são, também, construções dessa política, concretizadas nos encaminhamentos na escola e na vida profissional do docente. Em relação à formação contínua na escola, o horário coletivo de trabalho dentro da jornada dos professores, as condições físicas e materiais para a reflexão na escola, entre outras, são ações decorrentes de políticas públicas assumidas pelo sistema educativo.

É preciso, portanto, analisar as políticas de formação, pois, normalmente, estão centradas na lógica do mercado, que trabalha para desobrigar o Estado de suas responsabilidades de manutenção dos sistemas de ensino, o que pode significar, em relação à formação do docente na escola, a opção por investimentos mínimos nas condições para que a formação no *locus* de trabalho ocorra.

A cultura escolar, por sua vez, sofre influência da cultura generalista da sociedade, pois a escola, como qualquer instituição social, desenvolve-se num contexto mais amplo, no entanto, produz uma cultura específica (organizacional e do docente), que se traduz nas formas de organização, nos conhecimentos, nos valores, nos significados e nos comportamentos compartilhados pelo grupo que a ela tem acesso, num espaço e num tempo determinados.

Assim, a cultura escolar, por ser um fenômeno complexo e multidimensional, constitui-se por uma intersecção de diversas culturas e com arranjos decorrentes das relações específicas que se manifestam e se estabelecem no interior da escola, inclusive de poder, que, de maneira tenaz, reafirma certos modos de conduta e pensamento. Entendida dessa forma, a cultura escolar apresenta uma relação com as tradições (rituais, rotinas e receitas), construídas no tempo histórico, e as inovações fruto de mudanças múltiplas, na própria escola, no entorno, no mundo, de ordem administrativa ou subjetiva, que também estão relacionadas ao currículo e à forma de organizá-lo. Essa cultura identifica a maioria das instituições "escola" espalhadas pelo mundo.

Pérez Gómez (2001) considera a cultura como produto simbólico (tecido de significados compartilhados) que é reproduzido, assimilado e recriado pelos indivíduos e pelos grupos, e apresenta certo grau de funcionalidade para se desenvolver nas condições sociais e econômicas do meio. Assim, a cultura da escola não é autônoma, ela sofre influência de situações externas, como o meio social em que a escola está alocada, as situações mais globalizadas, as reformas, e, também, de situações internas. Segundo esse autor:

> A cultura da escola como instituição e a cultura dos docentes como grêmio profissional são objeto de reconstrução quando os docentes concebem sua prática como um processo de aberta e interminável reflexão e ação compartilhadas (Pérez Gómez, 2001, p. 199).

Desse ponto de vista, é possível pensar que a formação contínua na escola influencia e é influenciada, ao mesmo tempo, pelos elementos que compõem a cultura escolar, à medida que problematiza (ou não) determinadas posturas. Nesse aspecto, o coordenador pedagógico, como gestor do processo de formação contínua organizado pela equipe escolar, pode dar sua contribuição por meio dos questionamentos às certezas e às verdades que caracterizam, ainda que provisoriamente, a ação educativa.

A cultura — entendida como significados partilhados, conhecimentos, valores e comportamentos — está normalmente restrita a uma comunidade, a um marco espacial e temporal que tornam plástico o seu conteúdo, o que solicita um coordenador que construa coletivamente o sentido da formação desenvolvida naquele espaço/tempo.

Contudo, algo ainda mais específico, uma cultura própria e localizada construída nos espaços de singularidades, vai se estabelecendo e se modificando, à medida que interage com a cultura das reformas que se apresentam de forma centralizadora e normatizadora, desconsiderando a cultura local: os saberes, os valores, os modos de agir e pensar, os comportamentos construídos no cotidiano escolar. Essa cultural mais específica será aqui denominada cultura da escola, para estabelecer uma distinção entre a cultura escolar que, *grosso modo*, refere-se aos conceitos que foram sendo agregados à ideia de escola e que criou uma identificação genérica dessa instituição.

A coordenadora Maria Vitória, no contexto dessa discussão, realça os aspectos de singularidade que caracterizam determinada instituição escolar e que, de certo modo, a identificam entre as demais, chamando a atenção para a importância da "cultura da escola" na organização da formação contínua dos docentes:

> Eu acho que a cultura escolar tanto compreende o universo dos saberes que existem, os saberes historicamente construídos, mas, também, passa pela experiência das pessoas, o jeito de cada escola, quando a gente fala de cultura escolar não dá para generalizar.

O COORDENADOR PEDAGÓGICO

De acordo com a coordenadora Maria Augusta, a cultura da escola, por vezes, manifesta uma concepção generalizada de que o professor da escola pública deve ser deixado quieto, não precisa ter compromisso com o tempo de aprendizagem dos alunos, pois para esses professores as dificuldades de aprendizagem estão normalmente relacionadas a fatores dissociados de sua ação docente. Então, o aluno não aprende porque é de família carente, desestruturada, porque a escola não tem condições materiais ou porque o coordenador não resolve os problemas. No dizer dela:

> Este grupo de professores [...] são os fiéis adeptos da cultura da escola, querem que deixem o professor quieto, afinal ele é funcionário público. Não tem compromisso com o tempo, se der para fazer tudo bem [...]. Ninguém falou que o professor não tem que ensinar, tem que ensinar e o aluno tem que aprender. Sabe, essas distorções fazem parte da cultura da escola e eu acho que nós temos que ir desmontando essas coisas.

Para alguns grupos de professores e algumas escolas, a formação é um momento de encontro, de catarse, mas nunca um espaço sério de reflexão profissional. O professor não quer ser incomodado, ser desafiado ou mesmo ver questionada a sua ação pedagógica. Só quer fazer o que sabe, mesmo que o que saiba não esteja produzindo o saber no outro.

O desafio da coordenação pedagógica está em não se sentir impotente diante de tal situação. Essas ideias, de um coordenador que manda e um professor que obedece, são tidas como "distorções" que precisam ser enfrentadas e desmontadas para a construção de uma nova etapa de formação.

Nessa perspectiva, é importante considerar que as muitas interações culturais que a escola possibilita e que interferem na dinâmica constituída pela sua forma de organização, mediada pelo contexto social, podem agregar novos valores e novas ideias à comunidade educativa e à gestão desenvolvida nesse espaço.

Deve-se considerar, também, que a cultura institucional escolar recebe influência das reformas educativas, configuradas nas decisões das políticas públicas em relação à educação e, nesses casos, elas são externas e são impostas à revelia da vontade dos agentes implicados: professores, diretores, coordenadores pedagógicos, alunos, pais etc. Pérez Gómez (2001, p. 195) corrobora essa ideia quando afirma:

> A escola é uma instituição social e, por isso mesmo, inevitavelmente impregnada pelos valores circunstanciais que imperam nos intercâmbios de cada época e comunidade. Para cumprir sua função pedagógica com relativa autonomia, o docente deve estar atento e enfrentar e superar em si mesmo e na cultura da escola os influxos meramente reprodutores da dinâmica social.

O autor aponta aspectos significativos da cultura escolar que podem influir na atividade formativa na escola. O primeiro aspecto é a relativa autonomia do docente e, por extensão, do coordenador e da escola, que precisa estar voltada para a construção crítica de um trabalho pedagógico que não se constitua como reprodutor das práticas sociais. Essa ideia exerce influência, também, nos projetos de formação docente desenvolvidos na escola sob a liderança do coordenador pedagógico. O trabalho coletivo na escola precisa estar voltado para a análise dos projetos externos que adentram a escola e dos próprios projetos usando como critério a concepção formativa da unidade e as necessidades elencadas pelos professores.

O segundo aspecto está relacionado à cultura da reprodução, mais próxima da cultura escolar do que da cultura da colaboração, da pesquisa, da construção e da valorização do conhecimento docente. Uma cultura tão arraigada pode influenciar tanto na adesão a projetos externos, como na construção de projetos comprometidos com valores que não promovam a autonomia de professores e alunos, sujeitos do processo educativo. Assim é que, utilizando-se da relativa autonomia dos processos formativos, os grupos precisam optar sobre a formação necessária para o desenvolvimento do trabalho docente.

O coordenador tem papel importante nesse aspecto, pois, como foi relatado pelas coordenadoras, os programas e as instruções oficias de formação docente apostam no coordenador como parceiro na implementação de um projeto formativo elaborado por pesquisadores.

O coordenador, pautado pelo projeto político-pedagógico da escola, entendido como aquele que desenvolve um papel de liderança pedagógica, torna-se o profissional melhor posicionado para promover o desvelamento dos entraves produzidos pela cultura escolar e local, bem como pelos projetos e programas oficiais.

A formação proposta na escola, como foi enfatizado, tem a vantagem de abrigar no mesmo espaço a prática educativa e a reflexão crítica sobre esse saber-fazer, porém esta tarefa acaba se concentrando na ação didática. Como assevera Sacristán (1995, p. 68) "[...] a actividade dos professores não se circunscreve a esta prática pedagógica visível, sendo necessário sondar outras dimensões menos evidentes". Assim, o coordenador e a equipe escolar precisam estar atentos para favorecer uma formação que não se caracterize como instrucional, mas que promova a análise das práticas formativas propostas para e pela escola, de modo a antever suas consequências no estatuto da profissão docente.

A formação centrada na escola, além de sua dimensão coletiva, possui uma dimensão individual que também caracteriza o trabalho realizado nessa instituição. Canário (2006) dá destaque às singularidades pessoais e organizacionais na formação centrada na escola. Para o autor, é no jogo entre o coletivo (de professores) e o individual (professor ou coordenador) que se estabelecem as práticas pedagógicas e, por que não dizer, de formação centrada na escola.

Nesse jogo, o papel atribuído ao coordenador pedagógico não se limita à observação da aula e à análise da prática, mas vinculá-se à articulação de toda reflexão pedagógica na escola, podendo criar um ambiente de cooperação e de pesquisa que possibilite ao professor colocar-se no papel de investigador de sua própria prática e de idealizador das transformações necessárias para gerar a aprendizagem dos alunos. Caracteriza-se, assim, por ser uma estratégia formativa intencionalizada num ambiente cooperativo e democrático. A ação do coordenador pedagógico, nesse sentido, está ligada impreterivelmente ao trabalho desenvolvido pela escola, o que o aproxima ainda mais das dificuldades identificadas pelos professores. Tal aspecto produz maior impacto sobre as práticas culturais da escola. O formador (coordenador pedagógico) precisa cuidar para que a formação proposta não tome pura e simplesmente a "forma" da cultura escolar, ou a "forma" das proposições oficias. O formato ideal é aquele que responde de modo crítico às dificuldades dos profissionais na escola.

Outro aspecto importante a ser considerado no desafio imposto ao coordenador diz respeito à influência de determinados aspectos da cultura escolar nas ações e nos projetos desenvolvidos. Uma marca muito conhecida é o isolamento docente[2] que impõe restrições ao trabalho coletivo e pode inviabilizar a "crença" no projeto político-pedagógico como a síntese das intenções acordadas pelo coletivo escolar.

O grupo da escola rompe a cultura escolar calcificada quando quebra o isolamento e se vê ligado a outros profissionais. Nesta perspectiva, o trabalho coletivo é uma das possíveis saídas contra o individualismo e o isolamento ligado à atividade docente na escola. Além de constituir uma identidade integrada, referenda o projeto político-pedagógico como uma construção coletiva que expressa uma concepção partilhada.

O coordenador pedagógico tem um importante papel nesse processo, pois ele é o gestor crítico, cooperativo, responsável pela observação das práticas, pela propositura das reflexões, pelas intervenções no sentido de promover o compromisso coletivo e cooperativo no desenvolvimento das ações formativas que desemboquem em práticas reflexivas. Caso contrário, pode assumir um papel de mero executor

---

2. A esse respeito, consultar Pérez Gómez (2001).

das determinações das políticas públicas, principalmente em relação à formação desenvolvida na escola.

A cultura da escola vai gradativamente moldando os educandos e os educadores, tanto pelos seus aspectos organizativos (os projetos desenvolvidos), quanto por aqueles relacionados à cultura docente. Nesse sentido, a formação do docente assume a importância de promover a reflexão sobre os fazeres e os saberes desenvolvidos na escola, construindo parâmetros que promovam a transformação crítica dessas práticas.

A cultura escolar, em suma, revela os fatores que regem a escola, o modelo de organização e o comportamento das pessoas. Esses aspectos podem caracterizá-la, criando uma identidade particular, ainda que difusa e mutante. Uma das coordenadoras entrevistadas faz uma consideração sobre uma prática específica que ajuda a entender essas ideias:

> Na Educação Infantil existe uma cultura da higienização, não que seja boa ou má, faz parte da cultura escolar e é forte e ampla. Está em todo lugar, por exemplo, [...] tem a escovação, o lavar as mãos, a higienização após os lanches. Outro aspecto [...] é *a espera*, a criança tem que esperar sua vez, esperar para pegar o lanche, esperar para ir ao banheiro, esperar para entregar a lição etc.. Esta cultura do esperar na EMEI é forte (Coord. Maria Leda; grifo nosso).

Na percepção da coordenadora Maria Leda, alguns aspectos da cultura escolar orientam de forma pouco reflexiva as ações pedagógicas. O trabalho com a higiene faz parte do contexto pedagógico na educação infantil, é algo que congrega o cuidar e o educar e não deve estar descolado do projeto de escola e de outras ações educativas, porém não pode se constituir em uma ação isolada, descaracterizada do seu cunho pedagógico.

A coordenadora também aponta, em relação à cultura da escola de educação infantil, o condicionamento para esperar. É certo que na sociedade existe a espera, mas na escola a espera torna-se um elemento a ser questionado e não naturalizado. Isso porque a espera nesse espaço pode ter uma função condicionante que permeia todas as atividades, desde a entrada até a saída. As crianças esperam na fila a chegada dos colegas, esperam sua vez de serem servidas no lanche, esperam para ir ao banheiro, esperam para brincar no brinquedo, esperam a entrega do caderno para começar sua lição, esperam para falar na roda de conversa, esperam para serem atendidas pela professora, esperam os pais na saída. Perceber esse tempo enorme de espera na escola e questionar essa necessidade é promover mudanças e adequações no projeto pedagógico da escola, é problematizar uma cultura. A falta de percepção desses aspectos leva à reprodução de ações que, sem a devida reflexão, não produzirão no aluno a crítica que favoreça as mudanças sociais necessárias. Por que a espera ocupa um tempo tão grande no nosso currículo? Esse é um tema para a formação, para a reflexão do docente.

A coordenadora Maria Leda relata que a formação contínua na escola é um espaço importante para o questionamento da cultura escolar de educação infantil. Mesmo os professores não enxergando os problemas por trás de algumas ações, ainda assim, são temas que merecem ser tratados porque compõem parte do currículo oculto, que precisa ser desvelado para gerar ações mais críticas. O horário coletivo, o projeto de formação e a ação do coordenador pedagógico devem estar a serviço da construção de um ensino de qualidade para todas as crianças.

O relato que segue, sobre o cantar com as crianças na entrada, antes de iniciar as atividades planejadas para o dia, revela como atos simples, pautados numa concepção acordada, podem transformar uma realidade aparentemente imutável e confortável. O trabalho da coordenação pedagógica não é apenas questionar, mas também propor mudanças, implementá-las e depois avaliá-las com a equipe, para que percebam as diferentes tomadas de posições e o que permeia as ações desenvolvidas no ambiente escolar:

Rever a situação foi uma solicitação da diretora. Ela achava um absurdo fazer nove filas, era uma barulheira e ficava todo mundo em pé esperando todos chegarem para subir para a sala. Esse período era organizado para todos cantarem, mas eram sempre as mesmas turmas que cantavam, os outros não queriam cantar nada e tinha dias que não cantavam, só ficavam em pé esperando todos chegarem. Então decidimos fazer um teste, cada criança subiria direto para a sala e o professor ficaria aguardando lá e se quisessem poderiam cantar. Mesmo porque, o trabalho com música não é isso, ficar cantando na entrada, no meio ou na saída. Teve professor que achou que não daria certo, que seria uma bagunça. As crianças iam se perder porque não sabiam para que sala ir, porque elas mudavam de sala, cada dia entravam numa sala diferente. Combinei que era para o professor ficar na porta e fizemos a experiência, depois nós avaliamos e *deu certo*. Nessa escola, ao contrário da outra de onde vim, eu não tenho nada muito cristalizado (Coord. Maria Leda; grifo nosso).

O depoimento revela que é possível mudar e organizar uma escola diferente e eficiente para todos que a ela têm acesso. A formação na escola tem o papel de fazer esta introspecção no espaço escolar, nos seus projetos, na sua forma de organização e, a partir das ações dos educadores que ali trabalham, questionar as "verdades" que não produzem a formação desejada. No final do processo, conforme o relato da coordenadora, os professores entenderam que a mudança deu certo e talvez tenham percebido que desse jeito ensinaram às crianças que nem sempre é preciso esperar. É possível também falar sem levantar a mão, andar pelos espaços e descobrir o que se quer, mesmo que seja, apenas, a sala de aula do dia.

Pensar a cultura escolar como um elemento a ser considerado nos projetos de formação é, com certeza, provocar resistências. Numa proposição aparentemente simples, como a orientada pela coordenadora Maria Leda, houve resistências, mas a avaliação final demonstrou que a mudança trouxe benefícios para as crianças e para os professores. Segundo a coordenadora, a mudança dos professores foi possível porque não havia nada muito cristalizado na cultura daquela escola. Com apenas cinco anos de organização, aquela instituição estava construindo coletivamente uma identidade que se propunha a descartar alguns aspectos da cultura escolar e a abraçar outros e, assim, dar forma a uma cultura escolar local. Tais práticas culturais locais ditam as formas de trabalho e propõem jeitos diferentes de promover a educação das crianças e dos jovens. Os espaços de formação e o trabalho da coordenação consolidam esses momentos de reflexão e de tomada de decisões em relação ao currículo escolar, que alteram o trabalho docente e a aprendizagem dos alunos. Situação essa apontada por Libâneo (2003, p. 83):

> Sabemos que o trabalho nas escolas se defronta com características culturais dos alunos, que afetam sua participação nas aprendizagens. Também os professores são portadores de características culturais — seus saberes, seus valores, e seus quadros de referências, as formas com que lidam com a profissão — que marcam fortemente as práticas docentes. Mas, o que se quer destacar aqui, é que as próprias práticas e situações escolares estão impregnadas de uma cultura, que é a cultura da escola [...] afetando tanto professores como alunos.

O ensino fundamental, por suas especificidades, apresenta outros aspectos associados à cultura escolar. Quem nunca ouviu falar da cultura da reprovação, da cultura das salas homogêneas, da cultura da seriação, da cultura do individualismo e da cultura do livro didático? Por trás da manutenção desses conceitos está a ideia de uma escola que não muda, que não se repensa, nem considera as demandas da atualidade. São conceitos que, embora questionados pelo avanço dos conhecimentos ligados aos modos de aprendizagem, às relações humanas, às organizações cooperativas e ao trabalho coletivo, ainda são referências que afetam o modo de ser e aprender, de professores e de alunos.

Vale a pena destacar, novamente, que a cultura escolar não é algo que possa se caracterizar como boa ou ruim. Mas será melhor à medida que se torna flexível e reflexiva. O projeto político-pedagógico, como produto de uma ação coletiva, absorve parte da cultura da escola, ao mesmo tempo que pode consolidar e recriar uma cultura alternativa. Assim, a coordenação pedagógica em uma escola pública precisa estar atenta:

- às representações construídas e incorporadas pela cultura da escola local;
- às demandas reais que a função determina;
- às solicitações das políticas públicas, que podem atribuir ao coordenador a imagem de controlador;
- a um trabalho em favor de um projeto que valorize a cultura colaborativa e os saberes docentes.

A coordenadora Maria Vitória entende que a cultura da escola envolve tanto o que os alunos aprendem e levam para a vida toda, como aspectos específicos de determinada organização escolar que podem caracterizá-la como menos ou mais colaborativa. Ao descrever a escola na qual trabalha, em relação a esses aspectos, faz a seguinte declaração:

> Eu acho que nesta escola tem muita gente comprometida, gente que faz, embora tenha mil coisas que precisem ser melhoradas, que não está bom. Mas há profissionais que se preocupam com os alunos, têm ações diferenciadas [*que já faz parte da cultura dessa escola*], sempre se preocupando em estar proporcionando vivências para os alunos, atividades dentro e fora da escola [...], acho que tem muita gente qualificada, que estuda e que é comprometida com a causa da educação (grifo nosso).

Pode, então, a cultura da escola influir no estilo de gestão da formação contínua do docente, cujo *locus* é a escola? A resposta para essa questão possivelmente seja sim. A cultura da escola tanto influencia que pode orientar a forma como o coordenador pedagógico deve comportar-se frente às demandas de formação do docente. Então, cabe uma segunda questão: Como a cultura da escola influi no estilo de gestão da formação contínua do docente, cujo *locus* é a escola? E para essa pergunta com certeza as respostas são múltiplas e este trabalho é apenas uma das possibilidades de resposta.

Assim, mudar aspectos da cultura escolar pode significar engajar-se num processo de "reforma educativa" em nível micro, na escola, apoiada por um projeto político-pedagógico, ou construído conjuntamente entre escola e sistema de ensino. Quando só a política educacional, macro, assume essa tarefa, ela passa a configurar-se por um corpo de normas que vai, paulatinamente, elaborando modelos que dão existência às ideias que serão expostas. Esse processo, visto de cima para baixo, desconsidera as peculiaridades dos projetos formativos desenvolvidos nas escolas, bem como a atividade do profissional que o coordena. Nesse caso, as ações são homogeneizadoras para que os órgãos centrais possam fazer o controle.

A política educacional está de alguma forma imbricada com a cultura escolar, reforçando-a ou opondo-se a ela por meio das reformas educacionais. Contudo, constitui-se em um aspecto estruturante da compreensão da ação do coordenador, mais especificamente da política de formação de professores e dos profissionais de educação, que, como toda a política educacional, normalmente está vinculada à política dos partidos que administram a situação pública que, *grosso modo*, são as diretrizes ou a linha de ação que norteiam a prática educativa, a fim de alcançar os objetivos traçados pelo poder público, operacionalizada nos equipamentos educativos. Segundo Souza (2005, p. 52):

> O dever do Estado não é impor pacotes que consideram adequados para atingir as suas diferentes lógicas, mas sim o de formular propostas que garantam a participação efetiva dos educadores nas decisões.

Todavia, não é isso o que acontece. Os pacotes surgem travestidos de programas facultativos, sujeitos à análise e à opção das escolas, e acabam configurando-se como determinações.

O coordenador, neste contexto, pode ser compreendido como um elo entre os docentes e as determinações das políticas públicas ou como um articulador das decisões coletivas, visando ao pleno desenvolvimento da atividade pedagógica, em prol da aprendizagem dos alunos e do aprimoramento dos professores e, ainda que considere, no projeto de formação, as deliberações coletivas, sua ação poderá produzir uma diversidade de reações: aproximação ou afastamento, envolvimento ou resistência; normalmente, essas respostas estão pautadas na compreensão subjetiva do papel desse profissional na escola. Contudo, se os coordenadores não considerarem os saberes docentes, ou mesmo se não ouvi-los no processo de formação, o engajamento deles pode tornar-se ainda mais difícil.

Outro aspecto interveniente no trabalho do coordenador pedagógico é a descontinuidade das ações formativas na escola relacionada às interrupções das políticas públicas que, a cada mudança de governo, impõem uma reestruturação das ações formativas construídas pela equipe escolar, negando o tempo histórico e mantendo as relações de poder verticalizadas.

2. Aspectos intervenientes da formação contínua na escola — a percepção dos professores

A formação na escola tem como características a valorização dos conhecimentos produzidos pelos professores na prática pedagógica diária e a interação entre os professores e o coordenador pedagógico. Isso não significa valorar todas as práticas docentes na escola, mas construir uma reflexão crítica sobre elas, de modo que os professores desvelem as teorias por trás de seus saberes e fazeres.

Essa relação intrínseca entre os docentes e o coordenador pedagógico na formação contínua desenvolvida no espaço escolar estabelece como demanda dessa investigação a oitiva dos professores sobre o espaço formativo na escola.

Com relação a isso, foram ouvidos 19 professores das duas escolas onde se desenvolveram os processos de observação, numa dinâmica denominada grupo dialogal. Os depoimentos dos professores nos auxiliam na compreensão do trabalho do coordenador na formação centrada na escola. Eles estão sintetizados no Quadro 5:

Quadro 5 O PEA na visão dos professores

ASPECTOS A SEREM REFORÇADOS	ASPECTOS A SEREM DESPREZADOS
Troca de experiências	**Imposições teóricas**
"Troca de experiência seria o momento de discutirmos o que acontece na sala de aula, de colocar os aspectos positivos e as dificuldades que nós encontramos. Mas eu acho que isso não acontece no PEA [...], nós nos propusemos no começo a fazer um momento de troca de experiências. Até cogitamos fazer oficinas relacionadas a alguns temas como artes e depois ter um momento de troca para saber como aconteceu em cada sala." (Prof. A)	"A coordenadora começou a fazer o curso e a trazer coisas para ser incorporado aqui, a 'pedagogia' dos cantinhos de atividade, ela entrou nessa e nós formos entrando junto. [...] Ela trouxe o material e nós fomos estudando e experimentando e acabou que rolou meio *garganta abaixo de todo mundo*." (Prof. B) (grifo nosso)
"Nós sabemos que tem colegas no grupo que fazem um trabalho muito legal na escola. Nós não temos o hábito de registrar nem de mostrar os trabalhos legais, que funcionaram. Mas, seria bastante útil que mostrássemos essas práticas e as multiplicássemos, pois elas podem ser adaptadas para a minha realidade." (Prof. D)	"Acho que a teoria é importante sim, sem teoria nós não chegaríamos a lugar nenhum, o que eu critico nessa nova administração é que eles vêm com algumas coisas *como se fossem a descoberta da pólvora*, como a sequência didática, mas para mim isso não é grande novidade e nós ficamos batendo nessas teclas e deixando de discutir algumas coisas, talvez o mais importante. Mas eu não nego a teoria, em absoluto, eu nego algumas fórmulas prontas que chegam e nós ficamos perdendo tempo nisso." (Prof. B) (grifo nosso)
"É importante trocarmos experiência no horário da JEIF, o que está dando certo e o que não está [...]. A troca de experiências deveria acontecer mais vezes." (Prof. C)	"Há essa imposição teórica que vem sendo *empurrada goela abaixo do professor* [...]. Para que um projeto tenha realmente sustento e seja colocado em prática, primeiro o professor tem que ser consultado." (Prof. C) (grifo nosso)
"As trocas de experiências deveriam continuar, se pudessem aumentar seria melhor. A aula do professor de Matemática, que foi vivenciada no grupo, me ensinou coisas que eu não sabia, aprendi naquele momento, apesar de saber matemática e dar aulas de matemática para as crianças. Se houvesse mais aulas para a gente trocar ideias, eu acho que seria mais válido do que as teorias." (Prof. D)	O PEA é para a gente discutir e refletir sobre o que nós vivenciamos. Então eu tenho a impressão de que nós falamos, mas não somos ouvidos e no planejamento somos ignorados. É como se dissessem: — O trabalho de vocês fiquem para lá e vamos falar sobre isso aqui (referindo-se à publicação da rede). É *uma teoria imposta*, falta uma reflexão sobre o que nós queremos." (Prof. E) (grifos nossos)
"A única coisa que eu percebo é que nós precisamos de um dia, o que não aconteceu ainda esse ano, para o grupo reunir-se, em suas respectivas áreas, para fazer o replanejamento. [...] que é a troca de experiência, dentro de uma área, como nas demais áreas. O que funciona em Português, Inglês, Geografia [...], é isso que está faltando [...]." (Prof. P)	

Uma coisa que auxiliaria a gente na sala de aula, seria levar para lá as experiência que a gente tem aqui e aplicar com os alunos." (Prof. C)

"Em relação ao PEA, do ano passado para cá houve uma reviravolta. Porque até então nós tínhamos projetos que eram concretizados. Nós líamos para efetuar um trabalho em sala de aula, mas depois veio essa coisa ai, que de um modo geral não está refletindo, que é essa coisa que veio lá da SME. *A coisa veio goela abaixo*, acho muito ruim essa formação que a prefeitura está dando [...], inclusive atrapalha o trabalho que nós estamos fazendo, uma coisa que não nos consultaram, então o PEA ficou algo muito ruim por causa disso." (Prof. A) (grifo nosso)

"Eu acho que nos vivemos um momento em que nosso grupo tem um amadurecimento que não precisaria ficar preso, como ele está, *nessa camisa de força*, que é o que a administração deseja." (Prof. I) (grifo nosso)

Trabalho coletivo	**Discussões desvinculadas da realidade**
"O que é legal é a participação de todos, teve um ano que nós organizamos o grupo de JEIF só com três pessoas, nós discutíamos mas não era assim tão produtivo. Agora que o grupo está maior, parece que a coisa rende mais, a discussão flui e é bem mais gostoso." (Prof. B)	"Nós começamos esse trabalho com o texto, a sequência didática, quando menos se espera, vem alguém e diz: — Isso precisa ser entregue amanhã e tem que ser tabulado [...] — e fica aquele atropelo [...]." (Prof. J)
"Como ponto a ser reforçado coloquei o trabalho coletivo e interdisciplinar, na verdade o trabalho que a gente faz aqui deveria resultar num maior trabalho coletivo lá com o aluno na sala de aula. Acredito que o grupo e a articuladora seriam capazes, não sei o que está faltando, mas a gente pode chegar lá." (Prof. C)	"Estou falando do momento que a gente está vivendo, vem um monte de teoria e a gente sabe que essas pessoas que fazem essa teoria não entendem absolutamente nada de educação. Alguns deles nunca entraram numa sala de aula, então é teoria demais, deveriam viver mais a prática para saber do que estão falando." (Prof. D)
"Eu coloquei o trabalho coletivo como um ponto a ser reforçado, às vezes quando estamos discutindo o PEA, acabamos encaminhando algumas lições. Alguns colegas não se manifestam ou se sentem constrangidos em dizer que não vão conseguir desenvolver aquela atividade. Então o que acontece, chega na hora de colocarmos em prática e não funciona, não dá certo, porque o trabalho coletivo precisa ser repensado." (Prof. F)	"Eu desmontaria a forma como, às vezes, o PEA é encaminhado, ou seja, esquece-se tudo aquilo que você acredita que agora vai ser discutido o 'PONTO'." (Prof. F)
	"Discussões impossíveis de se reverterem na prática. Nós temos autonomia prática no nosso dia a dia, nós conhecemos que a realidade não é SME, nem ninguém, nós a vivenciamos [...]." (Prof. A)

Fonte: Elaborado a partir dos depoimentos dos professores no grupo dialogal.

O Quadro 5 foi elaborado a partir da coleta das percepções dos professores a respeito do modo como era desenvolvido o projeto de formação das escolas em que trabalhavam. Para tanto, eles foram reunidos em grupos dialogais e manifestaram-se a partir da seguinte provocação: *Quais os aspectos que os professores desprezariam e os que reforçariam no projeto de formação da escola?* Tal indagação produziu como efeito o levantamento de vários fatores intervenientes no processo de formação a partir dos olhares dos professores.

Os aspectos destacados para serem reforçados na visão dos professores foram: a troca de experiências e o trabalho coletivo.

A troca de experiências é um dos elementos do processo de formação muito defendido pelos professores. Fusari (1997, p. 153) relata que tal procedimento é "[...] antigo e garante a superação de dificuldades surgidas no trabalho em sala de aula, ao mesmo tempo que funciona como formação profissional em serviço". Na perspectiva dos professores, a troca de experiências tem vários sentidos: a discussão das dificuldades da sala de aula, a divulgação de "bons trabalhos", a condução de aspectos delicados do trabalho com pessoas, oficinas com professores mais experientes ou especialistas, a discussão por área, o planejamento a partir das atividades formativas, vivenciadas com os alunos e retomadas nas discussões.

Essa troca pode, então, constituir-se em uma sugestão de trabalho ou num processo coletivo de reflexão sobre a ação. Portanto, sua multiplicidade de configurações, bem como a valorização da participação ativa dos professores, consolidam na visão desses profissionais um aspecto positivo de formação, que deveria ser reforçado no horário coletivo de formação. A troca de experiência articulada pela coordenadora de uma das escolas, normalmente, objetivava o relato das sequências didáticas planejadas. A socialização do resultado da atividade não se prestava ao levantamento das dificuldades, mas sim para enfatizar as vantagens dessa organização do trabalho. Na outra escola, as trocas aconteciam de forma assistemática, à medida que as professoras participavam das discussões no grupo e eram introduzidas pelas expressões: "Na sala, eu fiz assim [...]"; "Apliquei tal trabalho com as crianças [...]"; "Essa atividade eu adaptei [...]". As professoras eram incentivadas pela coordenadora a esse tipo de relato; caso algum não estivesse incluído na concepção trabalhada, a coordenadora fazia os ajustes, quando usava da palavra.

Um segundo aspecto reforçado pelos professores é o **trabalho coletivo**, que ganha o sentido de partilha, de decisões compartilhadas, de envolvimento nas decisões e na busca de soluções para os problemas da escola. A perspectiva do trabalho coletivo se opõe ao individualismo e procura favorecer a discussão sobre a prática ou sobre a teoria, reflete as elaborações da formação e envolve todos os indivíduos, independentemente dos conhecimentos ou das habilidades pessoais.

Reforçar este aspecto na organização do projeto de formação não se limita apenas a organizar as reuniões, mas exige construir uma disposição para refletir junto sobre o projeto da unidade, dando-lhe concretude. Nesta perspectiva, o trabalho coletivo e a troca de experiências caminham juntos. O primeiro, relacionado à socialização dos saberes dos professores no processo formativo; o segundo, associado à reelaboração coletiva dos primeiros saberes, que se transformam em propostas de trabalho.

Os dois aspectos elencados atribuem à escola e aos seus profissionais, professores e coordenadores o papel de protagonistas tanto na elaboração, quanto na condução dos processos formativos vivenciados no espaço escolar. Frente a essa situação, o coordenador pode assumir duas posições. A primeira é a apresentada pelo Prof. C, que é acreditar no projeto da escola e no papel da coordenação pedagógica como articuladora do espaço de formação. A segunda posição é a destacada pelo Prof. J, segundo o qual o coordenador se vê como uma pessoa que não tem o controle sobre o seu fazer, por isso também não tem responsabilidade sobre a insatisfação do coletivo de professores. A formação é desenvolvida sob o controle dos órgãos oficiais que ditam sua configuração:

> Cada dia, cada ano, nós educadores estamos com uma sobrecarga cada vez maior, existe também uma questão burocrática, são atividades

colocadas, apresentadas. Eu vejo que a coordenação não tem culpa de todo esse processo, isso vem lá de cima. (Prof. J)

Um coordenador que não tem culpa nem compromisso com a transformação está submisso e, dessa forma, é incapaz de mobilizar os professores para a transformação, para a construção do protagonismo formativo. Nesse caso, a expressão "vem lá de cima" parece referir-se a um espaço místico, onde a vida profissional e a formação docente são decididas por aqueles que pensam a educação, já que os professores e os coordenadores estão no papel de práticos. Quem está acima, está numa posição superior, de mando, de imposição de ideias. Essa situação lembra a máxima "manda quem pode, obedece quem tem juízo".

Os professores destacaram como aspectos que desprezariam: as imposições teóricas e o atropelo de atividades. Ao considerar as imposições teóricas como fator interveniente a ser desprezado, os professores trouxeram à superfície as formas de controle que estão implícitas nos projetos externos à escola, normalmente associados aos programas de governo que adentram os espaços formativos pela mão da coordenação.

Os professores referem-se a essas intervenções com as seguintes expressões: "[...] rolou meio garganta abaixo de todo mundo" (Prof. B) ou, como disse outro professor, "[...] mas depois veio essa coisa aí, [...] da SME. A coisa veio goela abaixo" (Prof. A), que são usadas para sublinhar o sentimento de imposição violenta sobre outro saber, indicando o quanto os professores e o projeto da escola foram desconsiderados.

Outras sentenças usadas foram "[...] essa administração vêm com algumas coisas como se fossem a descoberta da pólvora [...]" (Prof. B); "[...] é uma teoria imposta [...]" (Prof. E); "[...] nessa camisa de força [...]" (Prof. I). Essas expressões destacadas nesse parágrafo revelam que os conceitos ou teorias, como eles dizem, que chegam à escola não são negociados. Não se discute com os professores seus saberes nem suas sugestões sobre as soluções para os problemas elencados pela escola. Os professores ficam à margem desse processo, apenas recebendo a formação que deve se transformar em uma prática, para alguns, "uma camisa de força" que impede movimentos próprios, limita a criação, a discussão e imobiliza o professor. O coordenador, nesta perspectiva, é apenas uma peça de engrenagem que faz valer as determinações externas, não tem força ou poder para mudar tal situação.

Os relatos das coordenadoras também revelaram que as interferências nos projetos de formação acabaram por desmobilizar a escola, que já havia construído uma estrutura formativa e que precisava de ajuda para aperfeiçoá-la e não desmontá-la. Nesse aspecto, não houve contradição entre a fala de coordenadores e professores. Isso revela a pouca autonomia da escola e indica a natureza do controle que o coordenador pedagógico tem sobre o espaço formador.

Contudo, os coordenadores reafirmam que o trabalho de formação na escola é possível, principalmente quando os professores estão envolvidos na construção desse projeto, apontando suas necessidades, discutindo seus saberes, planejando as atividades e avaliando-o. Em uma das escolas observadas, a percepção que se tinha era do esforço da equipe por tratar das necessidades da escola, no entanto, coincidência ou não, os encontros de formação reproduziam os temas e as pautas da formação vivenciada pelo coordenador. Na outra, viu-se uma descaracterização do processo formativo, que teve seu início com o envolvimento dos professores na construção dos primeiros projetos, repercutindo na aceitação da ação das coordenadoras, e foi paulatinamente sendo desbastado para atender às solicitações dos órgãos centrais, tornando-se um apêndice da formação proposta pelas equipes da Secretaria de Educação.

A contradição aparece então como um processo histórico, em que se destacam algumas escolas mesmo com bons projetos, perdendo força e deixando de lutar frente às pressões pela formação indiferenciada. Tal cenário mina a autoconfiança coletiva.

A formação na escola deve propiciar ao professor a possibilidade de discutir, refletir e analisar suas práticas com o objetivo de realizar um trabalho eficiente, capaz de viabilizar, entre outros processos, a aprendizagem da leitura e da escrita por seus alunos.

Mas, se há limites criados pelo próprio sistema, também é verdade que existem outros criados pela cultura da escola. Um exemplo disso são as dificuldades dos coordenadores para enfrentarem, na ação formativa, o individualismo que tem caracterizado a profissão docente e a tendência ao desabafo nos horários coletivos. O primeiro impede os docentes de se perceberem como equipe, como coletivo, e administrarem aspectos do trabalho que envolvem questões organizacionais da equipe escolar. O segundo torna estéril um espaço legítimo para a tomada de decisão sobre os problemas escolares, pois o mero desabafo não é capaz de construir soluções. É preciso enfrentar a situação problematizando as concepções de trabalho e os discursos docentes. O problema não é sempre externo, ele muitas vezes está pautado numa compreensão equivocada de educação e de conhecimento.

Os professores, nos seus relatos, revelaram a percepção que têm do trabalho do coordenador pedagógico:

> Conversando com a coordenadora pedagógica da outra escola, ela me disse que não estava tendo tempo para sentar e organizar as coisas, pois a cada dia ela tem uma cobrança. Então eu vejo que o coordenador pedagógico não tem tempo hábil para dar assistência ao professor, fazer um trabalho de formação e ajudar o professor com dificuldades. (Prof. J)

> [...] há uma cobrança sobre o coordenador pedagógico da parte de SME/DOT e nós somos subordinados a ele. (Prof. C)

> [...] a coordenação é muito comprometida, nós *percebemos a angústia que elas sentem* em estar nos auxiliando [...]. (Prof. F) (grifo nosso)

> Quando a coordenadora começou a discutir isso, eu fui um pouco resistente. Primeiro, porque foi uma coisa que veio para nós, não foi imposto, mas a gente teve que fazer. (Prof. A)

Os professores falam sobre uma coordenação pedagógica sem possibilidade de escolhas, rendida diante das determinações das políticas públicas e amarrada pelas regras do sistema. Sem reconhecimento do seu papel e da natureza de suas atribuições, o coordenador é visto como um sujeito angustiado, cujos saberes sobre a sua atividade; sobre a cultura organizacional da escola; sobre os professores, em cuja ação incide sua intervenção; sobre a comunidade em que a escola está inserida são desconsiderados em função de projetos de formação generalistas. Então, para esses professores, o coordenador não articula a formação, ou seja, não dá assistência ao professor em suas dificuldades.

A figura do coordenador, dessa forma, deixa de representar a liderança necessária para a transformação da escola e passa a conformar-se com o papel de reprodutor das determinações do sistema. A escola, então, perde o seu articulador e os professores, a confiança no seu trabalho. Os professores e os coordenadores não são considerados capazes de construir saberes e práticas eficazes sem a devida intervenção e tutoramento externo.

À medida que a escola, os professores, os coordenadores e os diretores perdem a autoconfiança, sentem-se cada vez mais incapazes de elaborar seus próprios projetos, de propor mudanças, de pensar em ações. A escola deixa de construir sua própria possibilidade de intervenção, de exercitar sua autonomia, de formular uma identidade positiva. Assim, a formação na escola deixa de caracterizar-se como fruto de uma decisão coletiva da comunidade profissional interna, mediada por agentes externos, e torna-se o resultado de uma proposição externa, constituindo-se numa forma de o sistema viabilizar sua política educativa.

Tal reflexão não nega a necessidade da formação contínua do coordenador, ou de orientações advindas do sistema de ensino, porém advoga a necessidade de a escola ser reconhecida como um espaço de construção de saberes de professores e alunos, porque uma característica das ações de formação é saber situá-las num tempo e num espaço, mediadas por professores, coordenadores e alunos como sujeitos da elaboração e implementação dos seus projetos de desenvolvimento.

Almeida (2005) chama a atenção para as "avalanches de ações formadoras" decorrentes das novas questões postas à escola que indicam demandas de natureza distintas, ampliando não só a oferta de formação, mas sobretudo a forma e as possibilidades dessas ofertas. Nesse contexto, a autora não entende a formação contínua resumida à aplicação de modelos previamente estabelecidos, mas como algo dinâmico que, compondo o processo de desenvolvimento profissional docente, assegura-lhe o caráter contínuo:

> Contextualizar a formação no âmbito do processo de desenvolvimento profissional dos professores decorre do entendimento de que a formação contínua se processa como algo dinâmico, que vai além dos componentes técnicos e operativos normalmente impostos aos professores pelas autoridades competentes, que não levam em conta a dimensão coletiva do trabalho docente e as situações reais enfrentadas por esses profissionais em suas práticas cotidianas. Essa contextualização também propicia um caráter mais orgânico às várias etapas formativas vividas pelo professorado, assegurando-lhes um caráter contínuo e progressivo (Almeida 2005, p. 4).

Seja qual for o *locus*, é necessário, para que a formação contínua produza novos rumos, que seja concebida como uma situação que possibilite a todos um comprometimento com o processo vivido. Nesse aspecto, a escola pode se configurar como um espaço de múltiplas possibilidades, principalmente se o coordenador pedagógico e os professores estiverem criticamente envolvidos, portanto, dispostos a questionar as "verdades" e as "certezas" instituídas em relação ao processo de aprendizagem dos alunos e ao desenvolvimento profissional dos educadores. A ação conjunta de coordenadores e professores no tempo/espaço de formação na escola torna-se um fator determinante na formação do docente centrada na instituição de ensino.

Os depoimentos das coordenadoras e dos professores enfatizaram a importância do papel articulador do coordenador no desenvolvimento de projetos de formação contínua do docente. Mas também a necessidade de esse profissional desenvolver cada vez mais uma capacidade crítica e uma competência epistemológica que lhe permitam elaborar e implementar, com a equipe escolar, os projetos de formação pautados na realidade da escola. No entanto, esse ponto da competência do coordenador parece ser pouco explorado na sua formação contínua, principalmente aquela oferecida pelos sistemas de ensino, normalmente voltada para a aplicação dos programas oficiais aos processos formativos conduzidos pelos coordenadores na escola.

Quando a equipe escolar manifesta-se pelo desenvolvimento de um projeto autônomo de formação, o coordenador, com seu trabalho, ajuda a construir uma identidade pedagógica local, baseada na troca reflexiva de experiências, no desenvolvimento de uma postura crítica e criteriosa em relação ao fazer docente. Portanto, ajuda a formar um profissional autônomo na elaboração, aplicação e avaliação da tarefa pedagógica. De outro modo, sem a devida análise, pode estar atuando apenas com a transposição didática, sem com isso atingir aspectos conceituais da ação docente. O professor, ao trabalhar com a formação do aluno, o faz como um todo, quando considera seus saberes e a subjetividade característica desse processo. O coordenador, do mesmo modo, promove a formação do professor quando o enxerga como profissional, cujos saberes só poderão se modificar se for uma escolha pessoal, se houver desejo por formar-se em determinado aspecto do conhecimento. Isso significa que os docentes acreditam ter conhecimentos suficientes para exercer a profissão, então, considerar esses saberes, nesse processo, talvez seja o segredo de aproximá-los de outros saberes e fazeres e, desta forma, promover de fato o desenvolvimento profissional do professor.

Concluindo...

> Embora à primeira vista possa parecer um ufanismo exagerado, é preciso correr este risco de interpretação para trazer à tona que o papel da coordenação pedagógica na implantação de um projeto de formação é essencial, visto tratar-se de um papel de liderança que precisa ser mais bem compreendido, reconhecido e valorizado.
>
> *Olgair Gomes Garcia*

Conforme sugere a autora em epígrafe, este livro, longe de se caracterizar pelo ufanismo exagerado em relação à função do coordenador pedagógico na formação contínua do docente na escola, visa analisar a natureza dessa atividade e os aspectos intervenientes nesse processo. Procurou-se evidenciar que a atividade do coordenador pedagógico, na formação contínua, é um saber-fazer multideterminado, decorrente da formação pessoal, da organização institucional e das políticas públicas.

Para tanto, apoiou-se na concepção de que a coordenação pedagógica, como configurada na atualidade, é uma atividade recente, cuja profissionalidade está em reelaboração em decorrência da especificidade dessa ação, que está ancorada em diferentes sistemas de ensino, da diversidade cultural da escola e da pluralidade dos currículos de formação inicial e contínua desse profissional.

Realizar o trabalho de formação na escola de forma crítica e reflexiva exige do coordenador a consciência dos inúmeros fatores determinantes desse trabalho e a assunção de uma posição de liderança, aspecto esse destacado como atributo da coordenação, o que implica o desafio de construir uma formação sólida, afinada com a complexidade e a diversidade das situações pedagógicas na escola. Para tanto, as formações inicial e continuada não podem estar alicerçadas numa perspectiva instrucional, baseada em prescrições e orientações, e precisam estar organizadas para ampliar as expectativas e concepções desse profissional, para que atue em qualquer situação.

Deste modo, uma formação que não promova o desenvolvimento das capacidades de refletir e reelaborar as situações profissionais está fadada a sofrer, ainda mais com as descontinuidades das políticas públicas que, normalmente, veem no coordenador pedagógico o canal por onde fluem as determinações de suas propostas.

O discurso sobre a escola como *locus* de formação docente ultrapassou as fronteiras acadêmicas e foi incorporado pelas políticas públicas educacionais, tornando-se, como alerta Marcelo Garcia (1999), *lugar-comum*. Contudo, os depoimentos nas entrevistas ratificaram a importância desse espaço de formação para o desenvolvimento da profissionalidade docente, para a organização dos projetos de cada unidade e para consolidação da concepção do professor como profissional crítico, reflexivo e pesquisador de sua prática.

A formação centrada na escola expõe a pessoa do coordenador como gestor desse espaço formativo e o principal responsável pela valorização dos conhecimentos docentes e pela construção do coletivo escolar, situação que só é possível numa perspectiva gestora democrática e participativa. Ao horário coletivo (JEIF), quando organizado a partir das necessidades locais configuradas em um projeto construído pela equipe escolar (PPP), é atribuído um papel estratégico na formação contínua do docente, uma vez que, por meio da interlocução coletiva, promove a reflexão das ações educativas desenvolvidas ou a serem desenvolvidas na escola, possibilitando, assim, a construção de um trabalho pedagógico disciplinado pelas necessidades da realidade escolar.

Desse ponto de vista, considera-se também que a formação contínua dos coordenadores precisa estar estruturada em espaços de estudos, de reflexão e de troca de experiências sobre questões que realmente os incomodem como formadores que são de professores no espaço de ação e de análise que é a escola.

Por último, vale destacar que as experiências formativas, profissionais e conceituais vivenciadas pelo coordenador pedagógico na sua trajetória pessoal e profissional influem na ação de formação do docente na escola e podem causar empecilhos ou favorecer o desenvolvimento de uma formação que visa à constituição do sujeito docente autônomo e crítico, capaz de tomar decisões assertivas sobre os encaminhamentos pedagógicos, visando à aprendizagem dos alunos.

Os impedimentos localizados estão, normalmente, relacionados a alguns pontos: o primeiro diz respeito a uma deficiência na formação inicial do coordenador, que gera, principalmente no início da profissão, uma insegurança e uma tensão no enfrentamento das demandas da formação do docente; o segundo é referente à pressão que o coordenador sofre tanto pela equipe escolar e suas demandas imediatas, quanto pelas determinações oficiais medidas pelas avaliações institucionais; o terceiro ponto é concernente à formação oferecida ao coordenador pelo sistema, que tem a intenção de se tornar o elemento central na discussão na escola; e o quarto ponto diz respeito à posição assumida pelo coordenador no desenvolvimento da formação, suas concepções educativas, seu modo de ver e compreender as relações na sociedade. Tais aspectos, que precisam ser alvo de reflexão, não podem caracterizar-se como determinantes do trabalho desenvolvido pelo coordenador, principalmente na formação dos professores, pois, desta forma, corre-se o risco de um trabalho pautado pela reprodução e não pela reflexão sobre os saberes e fazeres pedagógicos e sobre as verdades instituídas a respeito do docente e da ação pedagógica.

A intersecção entre esses elementos constitui desafios ao coordenador na articulação da formação centrada na escola. Para superá-los, de modo a desenvolver uma consciência crítica sobre sua atividade profissional, o coordenador necessitará reposicionar seu ofício na contramão dessa história. Isso significa, como destacado pelas coordenadoras entrevistadas, investir:

1. na construção da formação centrada na escola, como uma modalidade que tem por base a relação entre o fazer e sua reflexão crítica (sem deixar que isso caia apenas na socialização de novos fazeres);

2. no trabalho com os problemas reais da escola (o que requer uma competência para identificá-los coletivamente);

3. no desenvolvimento de uma equipe envolvida nos projetos da escola;

4. no investimento na formação contínua de professores e coordenadores ao longo do exercício profissional;

5. no exercício da reflexão crítica sobre o seu próprio fazer;

6. no reconhecimento dos professores como profissionais detentores de saberes, mesmo que sejam os saberes práticos;

7. na busca por parcerias que assegurem às propostas formativas da unidade a participação da direção e da supervisão;

8. na ousadia substantiva da inovação, da reinvenção das concepções e dos fazeres, da criação como aspecto fundamental nos projetos formativos, na postura democrática a ser desenvolvida e na atividade de formação desenvolvida pelo coordenador pedagógico.

Identificadas algumas perspectivas para o trabalho dos coordenadores pedagógicos, essas ideias ensejam a conclusão de que as possibilidades de uma prática da coordenação pedagógica emancipadora estão associadas, principalmente, ao uso que se faz da relativa autonomia da escola, o que aponta como limite dessa prática o modo como a unidade lida com as imposições de projetos externos, uma vez que nesses casos a escola nao é consultada nem considerada em suas construções epistemológicas.

No que refere ao espaço escolar, não é demasiado afirmá-lo como lugar de múltiplas interferências, o que significa que subsiste como uma "cultura local" em virtude da tradução que se faz, em cada escola, das políticas públicas e da imprevisibilidade da ação educativa.

A formação centrada na escola, sob a articulação do coordenador pedagógico, se, por um lado, está submetida ao controle do Estado, à política interna da organização escolar e às relações de poder estabelecidas nesse enredamento, por outro, sofre influência das concepções educativas desses profissionais que determinam suas opções de formação.

Nessa perspectiva, os limites e as possibilidades de uma gestão participativa da coordenação pedagógica estão relacionados a uma ação comprometida com a geração de mudanças qualitativas no espaço pedagógico. Para isso, é necessário que o trabalho da direção e da coordenação não esteja descolado de um projeto de escola comprometido com o enfrentamento dos problemas pedagógicos e com a construção do trabalho coletivo, tendo como meta a oferta de um ensino de qualidade para todos.

Em que pesem as diferentes concepções e os modos diversos da condução do desenvolvimento da formação na escola, as coordenadoras pedagógicas entrevistadas se autodeterminaram responsáveis pela formação docente centrada na escola, assumindo o discurso que considera esse espaço como *locus* de formação. Porém, denunciaram a necessidade de empregar esforços na construção de uma identidade formativa que possibilite legitimar, junto às equipes escolares e ao sistema, uma liderança pautada na adequação do tempo às tarefas da coordenação e na compreensão do papel do coordenador pedagógico não como técnico, mas como um pesquisador do seu fazer, um gestor democrático preocupado com a formação docente numa perspectiva reflexiva e crítica.

As coordenadoras e os demais educadores que ajudaram a construir este livro reafirmaram o papel fundamental do coordenador pedagógico na condução dos processos de formação contínua do docente na escola, mas sobretudo para entendê-los como processos de conquista de um território próprio,[1] cujas fronteiras estão sendo constantemente negociadas, quer por marcos decorrentes das políticas públicas, especificamente de formação docente, quer pelas transformações pessoais e profissionais a que todo educador está sujeito.

Retomando a ideia da epígrafe. Não se trata de uma supervalorização de um personagem em detrimento dos outros, pois, como foi reforçado pelas coordenadoras, o projeto educativo de uma escola é (deve ser) uma construção coletiva. Porém, nesse momento em que as políticas públicas estabelecem de modo exacerbado que o sentido dessa função deve estar ligado à formação do professor na escola, é importante rever o papel desse profissional, para que a luta pela superação de uma identidade difusa, enredada pelo sistema, não produza um afastamento entre a formação proposta na escola e os projetos formativos coletivos e pessoais dos docentes.

---

1. Expressão utilizada por Mate (2005).

Referências

ALARCÃO, I. Formação continuada como instrumento de profissionalização docente. In: VEIGA, I. P. (Org.). *Caminhos da profissionalização do magistério.* Campinas: Papirus, 1998.

_____ (Org.). *Escola reflexiva e nova racionalidade.* Porto Alegre: Artmed, 2001.

ALMEIDA, M. I, de. Formação contínua de professores. In: BRASIL. MEC. Salto para o Futuro. TV Escola. Formação contínua de professores. *Boletim*, n. 12, ago. 2005.

ANDRÉ, M. E. D. A; LÜDKE, M. *Pesquisa em educação*: abordagens qualitativas. São Paulo: EPU, 1986.

APEOSP. O trabalho do coordenador pedagógico: um caminho metodológico. *Caderno de Formação*, São Paulo, n. 1, ago. 1996.

ARCHANGELO, A. O coordenador pedagógico e o entendimento da instituição. In: PLACCO, V. M. N. de S.; ALMEIDA, L. R. de. *O coordenador pedagógico e o cotidiano da escola.* São Paulo: Loyola, 2005. p. 135-43.

AZANHA, J. M. P. Proposta pedagógica e autonomia da escola. In: _____. *A formação do professor e outros escritos.* São Paulo: Senac, 2006. p. 87-104.

BARROS, C. O. T. *O papel do diretor escolar na formação em serviço*: um estudo da proposta de formação da Secretaria Municipal de Educação de São Bernardo do Campo. Dissertação (Mestrado) — Faculdade de Educação, Universidade de São Paulo, São Paulo, 2004. 155 f.

BARROSO, João. Formação, projecto e desenvolvimento organizacional. In: CANÁRIO, Rui (Org.). *Formação e situações de trabalho.* Porto: Porto Editora, 2003. p. 61-78.

BLANDINO, F. M. L. *A construção da identidade da coordenadora pedagógica rumo a um projeto de escola*: o ideal, o legal e o real. Dissertação (Mestrado) — Programa de Pós-graduação da Faculdade de Educação, Universidade de São Paulo. São Paulo, 1996.

BORGES, N. M. M. *A coordenação pedagógica nas escolas municipais de ensino fundamental de São Paulo.* Dissertação (Mestrado) — Área de História e Filosofia de Educação, Pontifícia Universidade Católica, São Paulo, 1999.

BRUNO, E. B. G. O trabalho coletivo como espaço de formação. In: GUIMARÃES, A. A. et al. *O coordenador pedagógico e a educação continuada.* São Paulo: Loyola, 2005.

_____; ALMEIDA, L. R. de; CHRISTOV, L. H. da S. (Orgs.). *O coordenador pedagógico e a formação docente.* São Paulo: Loyola, 2004.

CANÁRIO, R. Gestão escolar: como elaborar o plano de formação? *Cadernos de Organização Escolar*, Lisboa, Instituto de Inovação Educacional, n. 3, 1995.

_____. *A escola*: o lugar onde os professores aprendem. Aveiro: Universidade de Aveiro, 1997. (Mimeo.)

_____. *A escola tem futuro?* Das promessas as incertezas. Porto Alegre: Artmed, 2006.

CANDAU, V. M. *Magistério construção cotidiana.* Petrópolis: Vozes, 1997.

CAVACO, M. H. Ofício de professor: o tempo e as mudanças. In: NÓVOA. A. (Org.). *Profissão professor*. Porto: Porto Editora, 1995. p. 155-91.

CHRISTOV, L. H. da S. *Sabedorias do coordenador pedagógico*: enredos do interpessoal e de (con)ciências na escola. Tese (Doutorado) — Departamento em Psicologia da Educação. Pontifícia Universidade Católica, São Paulo, 2001.

_____. Educação continuada: função essencial do coordenador pedagógico. In: GUIMARÃES, A. A. et al. *O coordenador pedagógico e a educação continuada*. São Paulo: Loyola, 2005.

CLEMENTI, N. A voz dos outros e a nossa voz: alguns fatores que intervêm na atuação do coordenador. In: ALMEIDA, L. R. de; PLACCO, V. M. N. de. *O coordenador pedagógico e o espaço de mudança.* São Paulo: Loyola, 2005. p. 53-66.

CONTRERAS, J. *A autonomia de professores.* São Paulo: Cortez, 2002.

CUNHA, M. I. da. Profissionalização docente: contradições e perspectivas. In: VEIGA, I. P. A.; CUNHA, M. I. da (Orgs.). *Desmistificando a profissão do magistério.* São Paulo: Papirus, 1999.

DOMINGUES, I. *O horário de trabalho coletivo e a (re)construção da profissionalidade docente.* Dissertação (Mestrado) — Faculdade de Educação, Universidade de São Paulo, São Paulo, 2004.

_____. Grupos dialogais: compreendendo os limites entre pesquisa e formação. In: PIMENTA, S. G.; GHEDIN, E.; FRANCO, M. A. S. *Pesquisa em educação*: alternativas investigativas com objetos complexos. São Paulo: Loyola, 2006.

FARIA FILHO, L. M. de et al. A cultura escolar como categoria de análise e como campo de investigação na história da educação brasileira. *Revista Educação e Pesquisa,* São Paulo, v. 30, n. 1, p. 139-59, 2004.

FRANCO, A. P. A. *A profissionalização do supervisor de ensino da rede estadual paulista*: interfaces com os fazeres escolares. Dissertação (Mestrado) — Faculdade de Educação, Universidade de São Paulo, São Paulo, 2007.

FRANCO, M. A. S. A práxis pedagógica como instrumento de transformação da prática docente. In: REUNIÃO ANUAL DA ANPED, 28., *Anais...,* Caxambu, Minas Gerais, 2005.

_____. Coordenação pedagógica: uma práxis em busca de sua identidade educativa. *Revista do Departamento de Educação,* Goiana, UCG, n. 1, p. 125-38, jan./jul. 2005.

FREITAS, D. N. T. A gestão educacional na interseção das políticas federal e municipal. *Revista da Faculdade de Educação,* São Paulo, v. 24, n. 2, p. 29-50, 1998.

FULLAN, M.; HARGREAVES, A. *A escola como organização aprendente*: buscando uma educação de qualidade. Porto Alegre: ArtMed, 2000.

FUSARI, J. C. *A educação do educador em serviço*: treinamento de professores em questão. São Paulo. Dissertação (Mestrado) — Pontifícia Universidade Católica, São Paulo, 1988.

_____. *Formação contínua de educadores*: um estudo de representações de coordenadores pedagógicos da Secretaria Municipal de Educação de São Paulo (SMESP). Tese (Doutorado) — Faculdade de Educação, Universidade de São Paulo, São Paulo, 1997.

FUSARI, J. C. Formação contínua de educadores na escola e em outras situações. In: BRUNO, E. B. G.; ALMEIDA, L. de R.; CHRISTOV, L. H. da S. (Orgs.). *O coordenador pedagógico e a formação docente*. São Paulo: Loyola, 2007. p. 17-24.

_____; FRANCO, A. P. Formação contínua em serviço e projeto pedagógico: uma articulação necessária. In: BRASIL. MEC. Salto para o futuro. TV Escola. Formação contínua de professores. *Boletim*, n. 12, p. 21-27, ago. 2005.

GARCIA, M. *Coordenação pedagógica*: ação, interação, transformação. Dissertação (Mestrado) — Programa de Pós-graduação da Faculdade de Educação, Pontifícia Universidade Católica, São Paulo, 1995.

GARCIA, O. G. Direção e coordenação pedagógica inspiradas na Educação Libertadora: propiciadoras da construção de um ambiente escolar mais significativo e humanizado. *Revista de Educação AEC. Educação Libertadora Participando da Luta Social*, Brasília, v. 26, n. 105, p. 121-9, out./dez. 1997.

_____. *A formação contínua de professores HTPC*: alternativas entre as concepções instrumental e crítica. Tese (Doutorado) — Programa de Pós-graduação em Psicologia da Educação, Pontifícia Universidade Católica, São Paulo, 2003.

_____. Pela ótica do Prove, qual o lugar da coordenação pedagógica na formação do professor/professora na escola? *Revista Prove 10 anos, 1997-2007*, São Paulo, Páginas e Letras, p. 55-61, 2007.

GARRIDO, E. Espaço de formação contínua para o professor-coordenador. In: BRUNO, E. B. G.; ALMEIDA, L. de R.; CHRISTOV, L. H. da S. (Orgs.). *O coordenador pedagógico e a formação docente*. São Paulo: Loyola, 2007. p. 9-15.

GHEDIN, E.; ALMEIDA, M. I.; LEITE, Y. U. F. *Formação de professores*: caminhos e descaminhos da prática. Brasília: Líber Livro, 2008.

GIROUX, A. H. *Os professores como intelectuais*: rumo a uma pedagogia crítica da aprendizagem. Porto Alegre: Artes Médicas, 1997.

GUIMARÃES, V. S. *A socialização profissional e profissionalização docente*: um estudo a partir do professor recém-ingresso na profissão. 2006. (Mimeo.)

IMBERNÓN, F. *Formação docente e profissional*: formar-se para a mudança e incerteza. São Paulo: Cortez, 2001.

LERNER, D. *É possível ler na escola?* Porto Alegre: Artmed, 2000.

LIBÂNEO, J. C. Que destino os educadores darão à pedagogia. In: PIMENTA, S. G. (Org.). *Pedagogia*: ciência da educação? São Paulo: Cortez, 1996. p. 107-34.

_____. Ainda as perguntas: o que é pedagogia, quem é o pedagogo, o que deve ser o curso de pedagogia. In: PIMENTA. S. G. (Org.). *Pedagogia e pedagogos*: caminhos e perspectivas. São Paulo: Cortez, 2002. p. 59-97.

_____. *Organização e gestão da escola*: teoria e prática. Goiânia: Alternativa. 2003.

MARCELO GARCIA, C. *Formação de professores*: para uma mudança educativa. Porto: Porto Editora, 1999.

MARIN, A. J. Desenvolvimento profissional docente: início de um processo centrado na escola. In: VEIGA, I. P. (Org.). *Caminhos da profissionalização do magistério*. Campinas: Papirus, 1998.

MATE, C. H. O coordenador pedagógico e as reformas pedagógicas. Formação contínua de educadores na escola e em outras situações. In: BRUNO, E. B. G.; ALMEIDA, L. de R. *O coordenador pedagógico e a formação docente*. São Paulo: Loyola, 2004. p. 71-6.

_____. Qual a identidade do professor coordenador pedagógico? In: GUIMARÃES, A. A. et al. *O coordenador pedagógico e a educação continuada*. São Paulo: Loyola, 2005. p. 17-20.

MOITA, Maria da Conceição. Percursos de formação e de trans-formação. In: NÓVOA, António (Org.). *Vidas de professores*. Porto: Porto Editora, 1992. p. 111-39.

NÓVOA, A. Formação de professores e profissão docente. In: NÓVOA, A. (org.). *Os professores e a sua formação*. Lisboa: Dom Quixote, 1992, p. 15-33.

_____. Os professores na virada do milênio: do excesso dos discursos à pobreza das práticas. *Pesquisa e Educação*, São Paulo, v. 25, n. 1, p. 11-20, jan./jun. 1999.

_____. Professor se forma na escola. *Revista Nova Escola*, ano XVI, n. 14, maio 2001.

_____. A formação contínua entre a pessoa-professor e a organização-escola. In: _____. *A formação de professores e trabalho pedagógico*. Lisboa: Educa, 2002. p. 33-48.

NUNES, J. B. C. *O processo de socialização na profissão docente.* Fortaleza: Universidade Estadual do Ceará, 2002. (Mimeo.)

ORSOLON. L. A. M. O coordenador/formador como um dos agentes de transformação da/na escola. In: ALMEIDA, L. R. de; PLACCO, V. M. N. de. *O coordenador pedagógico e o espaço de mudança.* São Paulo: Loyola, 2005. p. 17-26.

PÉREZ GÓMES, A. I. *A cultura escolar na sociedade neoliberal.* Porto Alegre: ArtMed, 2001.

PÉREZ. M. A. G. *O papel do coordenador pedagógico nas escolas da rede municipal de educação da cidade de São Paulo*: expectativas e opiniões dos professores de 5ª à 8ª séries. Dissertação (Mestrado) — Faculdade de Educação, Universidade de São Paulo, São Paulo, 1992.

PIMENTA, S. G. Formação de professores: os saberes da docência e a identidade do professor. *Revista da Faculdade da Educação*, São Paulo, v. 22, n. 2, p. 72-88, jul./dez. 1996.

_____. *Projeto pedagógico e identidade da escola.* Taubaté, set. 1998. (Transcrição da palestra proferida no Congresso de Educação Continuada — Polo 7.)

_____. Formação de professores: identidade e saberes da docência. In: PIMENTA, S. G. (Org.). *Saberes pedagógicos e atividade docente.* São Paulo: Cortez, 2005. p. 15-34.

_____. *O pedagogo na escola pública.* São Paulo: Loyola, 2002a.

_____; GHEDIN, E. (Orgs.). *Professor reflexivo no Brasil*: gênese e crítica de um conceito. São Paulo: Cortez, 2002b.

PINTO, U. de. *A pedagogia e pedagogos escolares.* Tese (Doutorado) — Programa de Pós-graduação em Educação, Universidade de São Paulo, São Paulo, 2006.

ROGÉRIO, R. M. F. *Caminhos de professoras*: o desenvolvimento profissional docente nos anos inicias do ensino fundamental. Dissertação (Mestrado) — Programa de Pós-graduação da Faculdade de Educação, Universidade de São Paulo, São Paulo, 2008.

SACRISTÁN, J. G. Consciência e ação sobre a prática como libertação dos professores. In: NOVOA, A. (Org.). *Profissão professor.* Porto: Porto Editora, 1995. p. 63-92.

SACRISTÁN, J. G.; PÉREZ GÓMEZ, A. L. *Compreender e transformar o ensino.* Porto Alegre: Artmed, 2000.

SALVADOR. C. M. *O coordenador pedagógico na ambiguidade interdisciplinar.* Dissertação (Mestrado) — Programa de Pós-graduação em Educação, Pontifícia Universidade Católica, São Paulo, 2000.

SANTOS. A. B. *Formação continuada de professores em serviço*: tentativas, avanços e recuos na busca de práticas cooperativas durante o HTPC. Dissertação (Mestrado) — Programa de Pós-graduação da Faculdade de Educação, Universidade de São Paulo, São Paulo, 2000.

SANTOS, L. L. de C. P. Formação de professores na cultura do desempenho. *Educação & Sociedade*, Campinas, v. 2, n. 89, p. 1145-57, set./dez. 2004.

SCHÖN, D. Formar professores como profissionais reflexivos. In: NÓVOA, A. (Org.). *Os professores e sua formação.* Lisboa: Dom Quixote, 1992. p. 77-92.

SILVA JÚNIOR, C. A. da. *A escola pública como local de trabalho.* São Paulo: Cortez, 1993.

SOUZA, M. V. *Formação em serviço de professores da Secretaria Municipal de Educação de São Paulo*: 1956-2004, gênese, transformações e desafios. Dissertação (Mestrado) — Programa de Pós-graduação da Faculdade de Educação, Universidade de São Paulo, São Paulo, 2005.

TOMASI, L. de; WARDE, M. J.; HADAD, S. (Orgs.). *O Banco Mundial e as políticas educacionais.* São Paulo: Cortez, 2000.

TORRES, R. M. Tendências da formação docente nos anos 90. In: WARDE, Miriam Jorge (Org.). *Novas políticas educacionais*: críticas e perspectivas. São Paulo, Programa de Pós-graduação da Faculdade de Educação, Historia e Filosofia da Educação, Pontifícia Universidade Católica, São Paulo, 1998.

TRAGTENBERG, M. Relações de poder na escola. *Educação & Sociedade*, São Paulo, p. 40-5, jan./abr. 1985.

VIANA, A. B. B. A. *O papel do coordenador pedagógico na formação continuada de professores em serviço na educação de jovens e adultos.* Dissertação (Mestrado) — Programa de Pós-graduação da Faculdade de Educação, Universidade de São Paulo, São Paulo, 2001.

Documentos oficiais e legais

BRASIL. Congresso Nacional. Lei de Diretrizes e Bases da Educação Nacional n. 5.692/71, de 20 de dezembro 1971.

_____. Congresso Nacional. Lei de Diretrizes e Bases da Educação Nacional n. 9.394/96, de 20 de dezembro 1996.

SÃO PAULO (Capital). Secretaria Municipal de Educação. Decreto-lei n. 430, de 1947. Cria a Secretaria de Higiene e Secretaria de Educação e Cultura.

_____ (Capital). Secretaria Municipal de Educação. Decreto-lei n. 3.069, de 1956. Cria grupo escolar no Jaçanã, o primeiro grupo municipal de ensino primário.

_____ (Capital). Secretaria Municipal de Educação. Decreto-lei n. 3.185, de 1956. Institui o Sistema Escolar Municipal.

_____ (Estado). Secretaria Estadual de Educação. Lei estadual n. 201/1978, de novembro de 1978. Dispõe sobre o Estatuto do Magistério Público do Estado de São Paulo, e dá outras providências.

_____ (Estado). Secretaria Estadual de Educação. Decreto n. 28.170, de 1988. Institui a Jornada Única e o Horário de Trabalho Pedagógico no estado de São Paulo.

_____ (Capital). Secretaria Municipal de Educação. Lei municipal n. 11.229, de junho de 1992. Dispõe sobre o Estatuto do Magistério Público Municipal de São Paulo, e dá outras providências.

_____ (Capital). Secretaria Municipal de Educação. Lei Municipal n. 11.434, de novembro de 1993. Dispõe sobre a Organização dos Quadros dos Profissionais da Educação na prefeitura do município de São Paulo, e dá outras providências.

_____ (Capital). Secretaria Municipal de Educação. Decreto n. 33.991, de 1994. Dispõe sobre o regimento comum das escolas municipais, e dá outras providências.

_____ (Capital). Secretaria Municipal de Educação. Portaria n. 2.083, de abril de 1994. Dispõe sobre Projetos Especiais de Ação, e dá outras providências.

_____ (Capital). Secretaria Municipal de Educação. Portaria n. 3.826, de julho de 1997. Dispõe sobre Projetos Especiais de Ação, e dá outras providências.

BRASIL (Capital). Secretaria Municipal de Educação. Portaria n. 1.654, de março de 2004. Dispõe sobre Projetos Especiais de Ação, e dá outras providências.

_____ (Capital). Secretaria Municipal de Educação. Portaria n. 654, de fevereiro de 2006. Dispõe sobre Projetos Especiais de Ação, e dá outras providências.

_____ (Capital). Secretaria Municipal de Educação. Portaria n. 4.057, de outubro de 2006. Dispõe sobre Projetos Especiais de Ação, e dá outras providências.

_____ (Capital). Secretaria Municipal de Educação. *Referencial de expectativas para o desenvolvimento da competência leitora e escritora no Ciclo II do ensino fundamental.* SME/DOT, 2006 Caderno de orientação didática de Língua Portuguesa.

_____ (Capital). Secretaria Municipal de Educação. *Referencial de expectativas para o desenvolvimento da competência leitora e escritora no Ciclo II do ensino fundamental.* SME/DOT, 2006. Caderno de orientação didática de Física.

_____ (Capital). Secretaria Municipal de Educação *Guia de estudo para o horário coletivo de trabalho*: subsídios para os coordenadores pedagógicos. SME/DOT, 2006.

_____ (Capital). Secretaria Municipal de Educação. Lei municipal n. 14.660, de dezembro de 2007. Dispõe sobre o Estatuto do Magistério Público Municipal de São Paulo, e dá outras providências.

_____ (Capital). Secretaria Municipal de Educação. Diretoria de orientação Técnica. A rede em rede: a formação continuada na educação infantil — fase 1. São Paulo: SME/DOT, 2007.

_____ (Capital). Secretaria Municipal de Educação. Diretoria de Orientação Técnica. *Tempos e espaços para a infância e suas linguagens nos CEIs, creches e EMEIs da cidade de São Paulo.* São Paulo: SME/DOT, 2007.

_____ (Capital). Secretaria Municipal de Educação. Portaria n. 1.566, de março de 2008. Dispõe sobre Projetos Especiais de Ação, e dá outras providências.

_____ (Capital). Secretaria Municipal de Educação. Portaria n. 5.551 de novembro de 2011. Altera o artigo 3º da Portaria n. 1.566/08.

_____ (Capital). Secretaria Municipal de Educação. Portaria n. 5.854 de outubro de 2012. Altera o artigo 3º da Portaria n. 1.566/08 e revoga a Portaria n. 5.551/ 2011.

_____ (Capital). Secretaria Municipal de Educação. Portaria n. 901 de janeiro de 2014. Dispõe sobre Projetos Especiais de Ação, e dá outras providências. Revoga as Portarias n. 1.566/08 e n. 5.854/ 2012.

LEIA TAMBÉM

SABERES PEDAGÓGICOS E ATIVIDADE DOCENTE

Selma Garrido Pimenta (Org.)

8ª edição - 1ª reimp. (2014)
304 páginas
ISBN 978-85-249-1936-7

Este livro expõe ao debate algumas pesquisas na área da pedagogia. Os temas abordados colaboram para dotar os professores de perspectivas de análise que os ajudem a compreender os contextos histórico/sociais/organizacionais nos quais se dá sua atividade docente.

LEIA TAMBÉM

PEDAGOGIA ESCOLAR
Coordenação Pedagógica e Gestão Educacional

Umberto de Andrade Pinto

1ª edição - 1ª reimp. (2013)
184 páginas
ISBN 978-85-249-1829-2

Este livro destina-se aos profissionais de ensino que atuam nas escolas ocupando as diferentes funções que dão apoio ao trabalho dos professores e dos alunos (diretores, vice-diretores, coordenadores pedagógicos, orientadores educacionais), em especial, aos estudantes dos cursos de Pedagogia, aos alunos das demais Licenciaturas, e todos aqueles interessados na melhoria do ensino público brasileiro.

LEIA TAMBÉM

PROFESSOR REFLEXIVO NO BRASIL
Gênese e crítica de um conceito

Selma Garrido Pimenta
Evandro Ghedin (Orgs.)

7ª edição (2012)
264 páginas
ISBN 978-85-249-1578-9

O livro busca compreender o seguinte paradoxo: a perspectiva conceitual tem se revelado importante para a leitura, compreensão e orientação do processo de formação de professores, mas também tem sido apropriado por diversos pesquisadores e reformadores educacionais.